www.ingramcontent.com/pod-product-compliance
Lightning Source LLC
LaVergne TN
LVHW021303080526
838199LV00090B/5999

تعلیم نسواں:
دینی و دنیاوی اہمیت
(مضامین)

مفتی احمد اللہ نثار قاسمی

© Mufti Ahmedullah Nisar Qasmi
Taaleem-e-NisvaaN : Deeni o Duniyaavi Ahmiyat *(Essays)*
by: Mufti Ahmedullah Nisar Qasmi
Edition: January '2025
Publisher :
Taemeer Publications LLC (Michigan, USA / Hyderabad, India)

ISBN 978-93-6908-481-4

مصنف یا ناشر کی پیشگی اجازت کے بغیر اس کتاب کا کوئی بھی حصہ کسی بھی شکل میں بشمول ویب سائٹ پر اَپ لوڈنگ کے لیے استعمال نہ کیا جائے۔ نیز اس کتاب پر کسی بھی قسم کے تنازع کو نمٹانے کا اختیار صرف حیدرآباد (تلنگانہ) کی عدلیہ کو ہو گا۔

© مفتی احمد اللہ نثار قاسمی

کتاب	:	**تعلیمِ نسواں : دینی و دنیاوی اہمیت**
مصنف	:	**مفتی احمد اللہ نثار قاسمی**
صنف	:	مذہب
ناشر	:	تعمیر پبلی کیشنز (حیدرآباد، انڈیا)
سالِ اشاعت	:	۲۰۲۵ء
صفحات	:	۷۲
سرورق ڈیزائن	:	تعمیر ویب ڈیزائن

فہرست مضامین

❁	فکرِ خاطر	۱۰

تعلیمِ نسوان شریعت کی روشنی میں

❁	بیٹیوں کو دینی تعلیم دینے کی دینی اور دنیوی اہمیت	۱۵
❁	باندی کو تعلیم کا حکم ہے تو بیٹی کیسے محروم رہے گی؟	۱۵
❁	خواتین کی تعلیم کے لئے آپ ﷺ نے دن خاص فرمایا	۱۶
❁	خواتین کو اتنی تعلیم دی کہ وہ امیر المومنین سے مخاطب ہوئی	۱۶
❁	عہدِ نبوی ﷺ میں خواتین کا مسجد آنے کا مقصد	۱۸
❁	خواتین کو تعلیم کی غرض سے عیدالاضحیٰ حاضری کا حکم	۱۸
❁	ازواجِ مطہرات کے گھر پر خواتین کا اجتماع	۱۹
❁	وہ خواتین قابلِ تعریف ہیں جو علم حاصل کرنے میں شرماتی نہ ہوں	۱۹
❁	ہر عورت سورۂ نور کی تعلیمات ضرور حاصل کرے	۲۰
❁	خواتین کی تعلیم امام بخاری رحمۃ اللہ علیہ کی نظر میں	۲۱
❁	خواتین پر بنیادی تعلیم کا حصول واجب ہے	۲۱
❁	عورتوں کے لئے حصولِ علم کے درجات	۲۲

۞	عورتوں کی تعلیم کا مقصد	۲۳
۞	صحابیات کی دینی مسائل کے متعلق دلچسپی	۲۳
۞	صحابیات مکتب پڑھاتی تھیں	۲۴

خواتین کی تعلیم وتربیت عقل کی روشنی میں

۞	مرد جس طرح احکام کے مکلف ہیں اسی طرح عورتیں بھی ہیں	۲۶
۞	بنیادی تعلیم کے بغیر سماجی حقوق ادا کرنا دشوار ہے	۲۶
۞	لڑکیوں کو تعلیم سے آراستہ کرنا ان پر بڑا احسان ہے	۲۷
۞	خواتین کی تعلیم وتربیت آپ ﷺ کی وصیت میں شامل ہے	۲۷
۞	تعلیم کے بغیر ایک عورت عورت نہیں بن سکتی	۲۸
۞	خواتین کی تربیت کے لئے خواتین کا تربیت یافتہ ہونا ضروری ہے	۲۹
۞	خواتین کے ذریعہ باطل کی محنت	۲۹
۞	خواتین مسلم سماج کا نصف حصہ ہیں	۳۰
۞	کیا قوم کا نصف حصہ جاہل رہے گا تو قوم تربیت پائے گی؟	۳۰
۞	کیا قوم کی خواتین صلاحیتوں سے محروم ہیں؟	۳۱
۞	کیا خواتین میں صلاحیت کم ہے؟	۳۱
۞	خواتین کو مخصوص عہدے نہ دینے کی وجہ؟	۳۲
۞	کیا خواتین کی قوتِ عقل کم ہے؟	۳۳

۳۳	رسومات کن کے فیصلے سے ہیں؟	❈
۳۴	بیوی اطاعت پر لانے کی ضد	❈
۳۵	خواتین کی تعلیم کی فکر مردوں سے زیادہ اہم ہے	❈
۳۵	خواتین کی تعلیم کی فکر کو مردوں سے زیادہ کیوں ضروری ہے؟	❈
۳۶	افسوس! قوم نے خواتین کی تعلیم کو ثانی درجہ میں رکھ دیا	❈
۳۶	خواتین کی تربیت کے بغیر صالح معاشرہ کا امکان دشوار ہے	❈
۳۷	مسلم سماج میں تعلیم و تربیت کا الٹا نظام	❈
۳۹	تم مجھے اچھی مائیں دو میں تمہیں اچھی قوم دوں گا	❈
۳۹	تعلیمِ نسواں کے مفاسد کے ڈر سے ترکِ تعلیم نہیں بلکہ نظامِ تعلیم پر توجہ	❈
۳۹	کیا جدید عصری تعلیم سے لڑکیاں فساد سے محفوظ رہ گئیں؟	❈
۴۰	نصاب و نظام تعلیم کے ذریعہ گمراہی	❈
۴۱	عصری تعلیم گاہوں میں مسلم بیٹیوں کے ایمان کا سودا	❈

تعلیم و تربیت یافتہ خواتین کا تذکرہ

۴۴	حضرت صفیہؓ کا عمل	❈
۴۴	حسن بصریؒ کے زمانہ کا سبق آموز واقعہ	❈
۴۴	امام اوزاعیؒ کی تعلیم و تربیت میں ان کی والدہ کا کردار	❈
۴۵	امام شافعیؒ کی تعلیم و تربیت میں ان کی والدہ کا کردار	❈
۴۶	امام احمد بن حنبلؒ کی تعلیم و تربیت میں ان کی والدہ کا کردار	❈

۴۸	علامہ ابن ہمامؒ کی تعلیم و تربیت میں ان کی نانی کا کردار	❈
۴۹	حضرت مفتی شفیع صاحب کی والدہ	❈

لڑکیوں کو دینی تعلیم نہ ہونے کے نقصات

۵۱	مسلم خواتین کی دینی معلومات سے دوری کا عالم	❈
۵۲	دیہاتی خواتین کے ناگفتہ بہ حالات	❈
۵۴	مسلمان لڑکیوں کے ارتداد کا حال	❈
۵۵	مسلم لڑکیوں کی بے دینی کا حال	❈
۵۶	مسلم لڑکیوں کی وضع قطع کا حال	❈
۵۷	مسلم لڑکیوں کی تہذیب کا حال	❈
۵۷	مسلم لڑکیوں میں فیشن پرستی کا رجحان	❈
۵۸	مسلم لڑکیوں میں ٹیٹو بنوانے کا رواج	❈
۵۹	مسلم لڑکیوں میں منشیات کا رواج	❈
۶۰	مسلم لڑکیوں میں ناچ گانے کا رواج	❈
۶۱	عورتوں میں اسراف کا مرض	❈
۶۲	خواتین کا ماضی و حال	❈
۶۳	ہماری ایک غلط فہمی	❈
۶۴	خواتین کی بڑی ذمہ داری	❈
۶۵	آج کی ماؤں کی دین بیزاری کا نتیجہ	❈

خواتین کی گمراہی کے اسباب

۞	میڈیا کے ذریعہ بے دینی کی کوشش	۶۷
۞	دشمنوں کی سازشوں کے شکار کا عالم	۶۷
۞	شادی شدہ خواتین پر قرض کے ذریعہ بے دینی کے حملے	۶۸
۞	ہماری کوتاہیاں کیا کچھ کم ہیں؟	۷۰

فکرِ خاطر

ہر قوم کی تعمیر و ترقی کا انحصار اس کی تعلیم پر ہوتا ہے، تعلیم ہی قوم کے احساس و شعور کو نکھارتی ہے اور صحیح تعلیم ہی نئی نسل کو زندگی گزارنے کا صحیح طریقہ سکھاتی ہے، قوم کی خواتین کو دین سے روشناس کرانے، تہذیب و ثقافت سے آراستہ کرنے، خصائل حمیدہ و شمائل جمیلہ سے مزیّن کرنے اور صالح نشوونما میں قوم کی خواتین کا کردار مرکزی حیثیت رکھتا ہے، عورتوں کی نگہداشت اور دیکھ بھال دینی تعلیم و تربیت کے ذریعہ ہی ممکن ہے، اگر مسلم خواتین کو دینی تعلیم دی جائے گی تو تہذیب و تمدن کا درخت بارآور و پھلدار رہوگا، پھولے گا، پھلے گا، ورنہ نسل نو کی تہذیب موسمِ خزاں کے حوالے ہو جائے گی۔

عورت کا دل دینی تعلیمات سے منوّر رہو تو اِس نورِ قلب سے کئی گھر روشن ہو سکتے ہیں، دیندار عورت ہی نیک بیوی ثابت ہو سکتی ہے، ہر دل عزیز بہو بن سکتی ہے اور شفیق ماں کے علاوہ مہربان ساس ہو سکتی ہے، اپنے بچوں کی معلمۂ اُولی ہو سکتی ہے، خاندانی نظام کو مربوط بلکہ مستحکم رکھ سکتی ہے، معاشی تنگی کو خوش حالی سے بدل سکتی ہے، نہ بھی بدل سکے تو شکرگذار تو بن سکتی ہے، میخانے کو مسجد اور بت خانے کو عبادت خانہ بنا سکتی ہے۔

آج دینی تعلیمات کے متعدد ذرائع ہونے کے باوجود سماج میں بے رغبتی انتہاء کو پہنچی ہوئی ہے، جس مذہب نے دینی تعلیم کو ہر مرد و عورت کے لیے فرض قرار دیا اُسی مذہب کے پیروکار دینی تعلیم کے میدان میں سب سے پیچھے ہیں، ماں کی گود بچوں کا پہلا مکتب ہوتا ہے، اگر وہی گود دینی تعلیم سے بیزار ہو تو اُس گود میں پلنے والی اولاد کی بے دینی کا کیا عالم ہوگا۔

خشتِ اول چوں نہد معمار کج — تا ثریا می رود دیوار کج

جب عمارت کی پہلی اینٹ ہی ٹیڑھی رکھ دی جائے تو اخیر تک عمارت ٹیڑھی ہوتی چلی جاتی ہے، شروع کی اینٹ اگر سیدھی رکھ دی جائے تو اخیر تک عمارت سیدھی چلتی ہے، جس چیز

کا آغاز اور ابتداء درست ہو جائے تو اس کی انتہا بھی درست ہو جاتی ہے۔

☆کسی بھی بچے کا مستقبل اس کی والدہ کی طرف سے دیئے گئے پیار اور پرورش پر منحصر ہوتا ہے جو صرف ایک عورت ہی کر سکتی ہے، ماں تعلیم یافتہ ہے تو اولاد بھی صاحب علم اور مہذب ہوگی کیونکہ بچّے کا زیادہ تر وقت ماں کے قریب گزرتا ہے اس لئے پڑھی لکھی ماں بچّے کے خیالات کو نکھار سکتی ہے، مرد کی تعلیم صرف مرد کی تعلیم ہے لیکن عورت کی تعلیم سارے خاندان کی تعلیم ہوتی ہے، تعلیم نسواں سے ایک اچھے خاندان کی بنیاد ہوتی ہے۔

☆ نپولین بونا پارٹ نے ایک مرتبہ کہا تھا کہ ”تم مجھے پڑھی لکھی مائیں دو، مَیں تمہیں ایک بہترین قوم دوں گا۔“

☆ اگر اپنی قوم کو بدلنا چاہتے ہو تو اپنی قوم کی خواتین میں تبدیلی لائیں، جس قوم کی مائیں بن جائیں اُس قوم کا بننا آسان ہے۔

☆ قاضی عیسیٰ بن مسکین صوفی وقت اپنی بچیوں اور پوتیوں کو پڑھایا کرتے تھے۔

☆ قاضی عیاضؒ عصر کے بعد بچیوں اور بھتیجیوں کو پڑھایا کرتے تھے۔

☆ علامہ اقبال رحمۃ اللہ علیہ نے فرمایا تھا ”وجودِ زن سے ہے تصویرِ کائنات میں رنگ“ اس سے کیا اسلامی تعلیمات کی روح سے یکسر خالی مغربی وجودِ زن مراد نہیں ہے، آج دینی تعلیم کی ضرورت جتنی مردوں کو ہے، اس سے کہیں زیادہ عورتوں کو ہے۔

☆ مرد اور عورت گاڑی کے دو پہیئے ہوتے ہیں، گاڑی ایک پہیئے پر نہیں چل سکتی یہی حال ہمارے معاشرہ کا ہے اس میں مرد اور عورت دونوں کی اہمیت یکساں ہے جب تک دونوں علم حاصل نہیں کریں گے ہم کسی صورت ترقی نہیں کر سکتے۔

☆غور کیا جائے تو خواتین کو دینی علوم سے غافل رکھنے میں زیادہ قصور مردوں کا ہے، مردوں نے اپنی زبان حال سے عورتوں کے ساتھ یہ روّیہ اختیار کیا کہ نہ اُن کو دینی تعلیم دینے کا بندوبست، نہ دینی تربیت کی فکر، گویا عملاً زبانِ حال سے انہیں باور کرا دیا کہ تم اس لیے پیدا

نہیں کی گئی ہو کہ دینی و اخلاقی ترقی کرو، جو کچھ حاصل کریں گے وہ مرد کریں گے، اپنے طرزِ عمل سے عورتوں کے دینی راستے بند کرنے کا نتیجہ ہے کہ معاشرتی زندگی جہنم بن چکی ہے، اللہ تعالی قیامت کے دن مردوں سے اس متعلق باز پرس کریں گے، ابھی بھی توبہ اور جرم کی تلافی کا وقت باقی ہے، ''جب تک سانس ہے اُس وقت تک چانس ہے'' تلافی کی کوشش کرنی چاہیئے۔

☆ یہ بھی ایک حقیقت ہے کہ لڑکیوں کی تعلیم میں بعض اہم امور کا لحاظ رکھنا ضروری ہے ؛ تاکہ اخلاق سنوارنے کے بجائے بگاڑنے کے ذرائع نہ بن جائیں۔

☆ دوسرے کام کے ساتھ موازنہ کرکے اپنے کام کی تفضیل ایسی نہ کی جائے کہ دوسرے کے کام کی تنقیص ہو جائے، تقابل، تفاضل اور تحاسد نہ ہو، بلکہ تعارف و تعاون کا تعلق ہو۔

☆ موجودہ زمانہ کا بڑا جھوٹ یہ ہے کہ ''میرے پاس وقت نہیں ہے'' وقت ہے تبھی سوشل میڈیا کے چینلز پر سرگرم ہیں وقت ہے تبھی گھنٹے گھنٹے دن بھر واٹس ایپ پر مگن ہیں، وقت ہے تبھی گھنٹے گھنٹے یوٹیوب اور فیس بک پر ہیں، فضولیات کا کچھ حصہ ہر مرد و عورت فارغ کرلے تو مسلمان قوم سے ''جاہل قوم'' کا لقب ختم ہو کر ''تعلیم یافتہ قوم'' کا لقب لگ جائے گا، زندگی ربر کی طرح ہے جتنا کھینچو گے کھینچتی جائے گی، اور جتنا چھوڑ دو گے سکڑتی جائے گی، عاملوں کو وقت دے سکتے ہیں ؛ مگر کاملوں و عالموں کو وقت نہیں دے سکتے، سو روپے سے تین سو روپیے دے کر بارٹوکن لئے عاملوں کے طواف کرسکتے ہیں ؛ مگر صبح یا شام مکتب کا ایک چکر پابندی سے نہیں ہوسکتا ہے، جہاں آنے سے عاملوں سے بھی اور بھوت پریت سے بھی چھٹکارے کے ہتیار مل جاتے ہیں، یعنی دعائیں۔

☆ پڑھنے والی بہنیں جنازہ کے دن بھی پڑھتی ہیں، کئی گھروں میں کام کرکے بھی پڑھتی ہیں، ظالم شوہر کے نکاح میں رہتے ہوئے بھی پڑھتی ہیں، سات آٹھ بچوں کی ماں بن کر بھی پڑھتی ہیں، ترسٹھ سال کی عمر میں بھی پڑھتی ہیں، حتی کہ شادی کی رات میں بھی سبق یاد کررہی ہیں، زندگی کا رخ صحیح کرنے اور دین کو ترجیح دینے کی ضرورت ہے، جب یہ حاصل

ہوجائے تو خواتین کے ذریعہ سے دین کے چراغ روشن ہوگے، جہاں جائیں گی شریعت زندہ ہوگی، جہاں رہیں گی وہاں قرآنی تعلیمات زندہ ہوجائیں گی، اللہ اللہ کی آواز گونجنے لگے گی، جہاں رہیں گی وہاں محبتیں عام ہوں گی۔

☆ اس زمانہ میں بھی ایسی خواتین ہیں جو روزانہ فجر کے بعد سورہ بقرہ مکمل ڈھائی پارہ پڑھتی ہیں، سورہ یٰسین، اور صبح وشام کی دعائیں پڑھ کر کچن بھی سنبھالتی ہیں، شوہر کی خدمت بھی کرتی ہیں، طلب ومحنت کی بدولت اللہ نے وقت اور دولت میں برکت دے دی، گڑ ہے تو مکھیاں ہیں، صحت ہے تو چہل پہل ہے، دولت ہے تو آنے جانے والے ہیں، کل اللہ نہ کرے صحت نہ رہے، کل اللہ نہ کرے یہ دولت نہ رہے، گڑ ختم ہوگیا مکھیاں بھی ختم ہوگئی، پھر کوئی قبر کو بھی نہیں جاتا، پھر کوئی ثواب بھی نہیں پہنچاتا۔

☆ سانس لینے کے بعد چھوڑنا بھی ضروری ہے، نہ کے تو بھی جان گئی، نہ چھوڑی بھی تو جان گئی، اسی طرح طالبات علم سیکھنے کے بعد سکھانا بھی ضروری ہے، ورنہ دم گھٹنے لگے گا، امۃ اللہ تسنیم صاحبہ حضرت علی میاں ندویؒ کی بہن نے ریاض الصالحین کا ترجمہ کرکے عظیم کارنامہ انجام دیا، عائشہ باجی کے نام سے لکھنؤ کی مشہور معلمہ گذی ہیں، سید قطب کے گھرانے کی عورتوں کی زندگیاں قابل مبارکباد ہیں۔

خدا کرے کہ ہر محلہ وبستی خواتین کی تعلیم سے آباد ہوجائے، ہر فارغہ بافیض بن جائے، ہر لڑکی دینی تعلیم سے روشاس ہوجائے، باتوفیق بندوں اور بندیوں کے ذریعہ ہر گھر تعلیم سے روشن ہوجائے، اس رسالہ کو اللہ رب العزت نفع عام کا ذریعہ بنالے۔

احمد اللہ نثار قاسمی

۱۵/شعبان المعظم/ ۱۴۴۵، مطابق 26/ 2/ 2024ء

تعلیمِ نسوان شریعت کی روشنی میں

بیٹیوں کو دینی تعلیم دینے کی دینی اور دنیوی اہمیت

① ☆ انسان کے لیے، دینی تعلیم، اسلامی تربیت، ایمانی شائستگی کی اتنی ہی ضرورت ہے، جتنی ضرورت مچھلی کے لیے پانی کی ہے، عورت کے کئی رنگ ہیں، کبھی بیٹی تو کبھی پیاری بہن، کبھی کسی کی شریک حیات تو کبھی ماں کی شکل میں شجر سایہ دار؛ اس کی ذمہ داری کچھ زیادہ ہوتی ہے، اس کے لیے زیورِ تعلیم کی قیمت، سونے چاندی کے زیور سے بھی بڑھ جاتی ہے؛ اسلام سے قبل عورتوں کی تعلیم کی طرف توجہ نہیں دی جاتی تھی؛ آپ ﷺ نے لڑکیوں کی تعلیم و تربیت کی طرف خاص توجہ دلائی، حضرت عبداللہ بن رضی اللہ تعالےٰ عنہ سے روایت ہے کہ نبی کریم ﷺ نے فرمایا جس کی کوئی لڑکی ہو، وہ اس کو اچھا ادب سکھائے، اس کو اچھی تعلیم وتربیت دے اور اس پر اللہ کی اس کو عطا کی ہوئی نعمتوں سے وسعت و کشادگی کرے تو وہ اس کے لئے دخول جہنم سے رکاوٹ بنتی ہے: "كَانَتْ لَهٗ مَنْعَةً وَسِتْرًا مِّنَ النَّارِ" (1)

علامہ ہیثمی فرماتے ہیں : اس کو طلحہ بن زید نے روایت کیا ہے اور یہ وضاع ہے۔)

باندی کو تعلیم کا حکم ہے تو بیٹی کیسے محروم رہے گی؟

② ☆ لڑکیوں کی دینی تعلیم کی طرف آپ ﷺ نے ایسی توجہ دلائی کہ بہن اور بیٹی کی تعلیم کی اہمیت تو ہے ہی، گھر میں کام کرنے والی باندی کو بھی علم سے آراستہ کرنے کا حکم فرمایا ؛اس لئے کہ بہن اور لڑکی کی تعلیم و تربیت پر تو انسان توجہ دیتا ہے، باندی کی تربیت پر بہت کم توجہ دیتا ہے، جس قوم کی باندی تعلیم یافتہ ہونا ضروری ہے تو اس قوم کی بیٹی جاہل کیسے رہ سکتی ہے؟

"وَرَجُلٌ كَانَتْ عِنْدَهٗ أَمَةٌ فَأَدَّبَهَا فَأَحْسَنَ تَأْدِيبَهَا، وَعَلَّمَهَا

(1) مجمع الزوائد : باب لعب الأولاد، حديث :١٣٤٩٨،

فَأَحْسَنَ تَعْلِيمَهَا، ثُمَّ أَعْتَقَهَا فتزَوَّجهَا فلَهُ أَجْرَانِ" (۱)

خواتین کی تعلیم کے لئے آپ صلی اللہ علیہ وآلہ وسلم نے دن خاص فرمایا

③ خواتین بھی آپ کی مجلسوں سے استفادہ کیا کرتی تھیں، شاید اس لئے کہ آگے مرد ہوتے تھے، پیچھے عورتیں ہوتی تھیں، یا اس بناء پر کہ مرد شرکاء کی تعداد زیادہ ہوتی تھی، یا اس وجہ سے کہ مردوں کی آواز اونچی رہا کرتی ہوگی اور عورتوں کی آواز دب جاتی ہوگی، یا شاید یہ سبب ہو کہ خواتین سے متعلق بعض مسائل کا مردوں کی مجلس میں پوچھنا مناسب نہیں ہوتا، بہر حال جو بھی سبب ہو، عورتوں نے اس صورت حال کی وجہ سے رسول اللہ صلی اللہ علیہ وآلہ وسلم سے شکایت کی کہ مرد ہم پر غالب آجاتے ہیں؛ اس لئے ہمیں ایک دن کا خصوصی وقت ملنا چاہئے؛ چنانچہ آپ صلی اللہ علیہ وآلہ وسلم نے ان کے لئے جمعرات کا دن متعین فرمادیا، اس میں خواتین کا اجتماع ہوتا، آپ صلی اللہ علیہ وآلہ وسلم ان سے خطاب فرماتے اور ان کے سوالات کا جواب دیتے، یوں بھی رسول اللہ صلی اللہ علیہ وآلہ وسلم کا دربار ہر ایک کے لئے کھلا رہتا تھا، جہاں مرد حضرات آپ کی خدمت میں حاضر ہوتے، مسائل پوچھتے، اپنے اشکالات حل کرتے، وہیں خواتین بھی حاضری کی سعادت حاصل کرتیں؛ اسی لئے حدیث میں بہت سے ایسے سوالات کا ذکر ملتا ہے، جو عورتوں نے کئے ہیں، اور آپ صلی اللہ علیہ وآلہ وسلم نے پوری توجہ کے ساتھ ان کا جواب عطا فرمایا ہے۔

خواتین کو اتنی تعلیم دی کہ وہ امیر المومنین سے مخاطب ہوئی

④ "عمر رضی اللہ عنہ نے خطبہ دیتے ہوئے کہا، جو شخص کسی عورت کا زیادہ مہر مقرر کرے گا تو میں مہر کی رقم بیت المال میں داخل کردوں گا ایک عورت نے کھڑے ہو کر کہا جو چیز اللہ نے ہمیں اپنی کتاب عزیز میں عطا کی ہے، آپ اس سے کیوں منع کر رہے ہیں؟ ارشاد باری ہے: {وَاٰتَيْتُمْ اِحْدٰهُنَّ قِنْطَارًا} عمر نے یہ سن کر کہا "ہر شخص عمر سے بڑا فقیہ

(۱) بخاری، باب تعلیم الرجل أمته وأهله، حدیث: ۹۷

ہے۔"خواتین کو آپ ﷺ نے اتنا علم دیا کہ وہ امیر المومنین سے مخاطب ہو۔
حضرت عمر رضی اللہ عنہ کے سامنے جب حق واضح ہوگیا تو آپؓ نے فی الفور کتاب عزیز کی طرف رجوع کیا اور ایک عورت کے قول سے بھی انحراف نہ کیا، یہ تواضع کی دلیل ہے ۔(۱)

(۱) منہاج السنہ النبویۃ: ۱/۴۳۱) افضل کے لیے یہ ضروری نہیں کہ مفضول اسے کسی بات پر بھی متنبہ نہ کر سکے، ہد ہد نے حضرت سلیمان علیہ السلام سے کہا تھا" مجھے وہ باتیں معلوم ہیں جو آپ نہیں جانتے؛ اور میں آپ کے پاس ملک سباء سے ایک سچی خبر لے کر آیا ہوں۔" اَحَطْتُّ بِمَا لَمْ تُحِطْ بِهٖ وَجِئْتُكَ مِنْ سَبَاٍۭ بِنَبَاٍ يَّقِيْنٍ (النمل ۲۲:) حضرت موسیٰ علیہ السلام خضر کے پاس علم حاصل کرنے کی غرض سے گئے تھے؛ اور ان سے کہا تھا :"کیا میں آپ کی تابعداری کروں ؟ کہ آپ مجھے وہ نیک علم کو سکھا دیں جو آپ کو سکھایا گیا ہے۔"" هَلْ اَتَّبِعُكَ عَلٰٓى اَنْ تُعَلِّمَنِ مِمَّا عُلِّمْتَ رُشْدًا " [الکہف ٦٦] حالانکہ خضر کا مرتبہ آپ سے فروتر تھا،موسی علیہ السلام اور خضر کے مابین جو فرق ہے وہ حضرت عمر رضی اللہ عنہ اور ان کے اشباہ و امثال صحابہ کے مابین فرق سے بہت زیادہ ہے۔حضرت خضر کے وہ علوم جن کی وجہ سے موسی علیہ السلام کو ان کے پاس جانا پڑا؛ وہ ان علوم کی بنا پر موسی علیہ السلام کے قریب بھی نہ تھے مبادا کہ آپ سے افضل ہوتے ۔بلکہ آپ کے متبعین انبیاء جیسے حضرت ہارون' حضرت یوشع اور حضرت داوَد اور حضرت سلیمان علیہم السلام سے بھی افضل نہ تھے، جب کہ موسی علیہ السلام خضر سے افضل تھے۔حضرت عمر رضی اللہ عنہ نے جو بات کہی تھی وہ ایک فاضل مجتہد کہہ سکتا ہے اس لیے کہ مہر میں اللہ کا بھی حق ہے اور یہ سودابازی کی قسم کی کوئی چیز نہیں ،اس لیے کہ مال کو مباح کرنے سے وہ مباح ہوجاتا ہے ،اور اسے بلاعوض خرچ کرنا جائز ہو جاتا ہے، جب کہ شرمگاہ مباح سمجھنے سے مباح نہیں ہوجاتی۔اور انبیاء کے علاوہ باقی لوگوں کا بغیر مہر کے نکاح نہیں ہوسکتا،اس پر مسلمانوں کا اتفاق ہے، جب بغیر مہر کے نکاح نبی کریم ﷺ کی خصوصیات میں سے ہے،لیکن مہر کی مقدار مقرر کیے بغیر عقد نکاح ہوسکتا ہے ۔اس صورت میں مہر مثل لازم آتا ہے۔[یعنی جتنا مہر اس عورت کی خاندانی خواتین کا ہؤا اتنا مہر اسکا بھی ادا کیا جائے گا] جب مہر میں اللہ تعالیٰ کا حق بھی پایا جاتا ہے تو اس کے لیے ممکن ہے کہ کوئی شرعی حد مقرر کی جائے، جیسے زکاۃ اور فدیہ وغیرہ کی حد ہوتی ہے، یہی وجہ ہے کہ امام مالک اور امام ابوحنیفہ رحمہم اللہ کے نزدیک مہر کی سب سے کم مقدار چوری کا نصاب ہے،اگر یہ جائز ہے کہ کم سے کم مہر کی مقدار مقرر کی جائے تو پھر یہ بھی جائز ہے کہ زیادہ سے زیادہ مہر کی مقدار مقرر کی جائے،اگر حضرت عمر رضی اللہ عنہ اپنے اجتہاد کو نافذ بھی کر دیتے تو یہ اجتہاد ان دوسرے بہت سارے اجتہادات سے کمزور نہ ہوتا جنہیں دوسرے لوگوں نے نافذ کیا ہے۔تو پھر آپ کے لیے یہ اجتہاد نافذ کرنا کیسے جائز نہ ہوتا؟

عہدِ نبوی ﷺ میں خواتین کا مسجد آنے کا مقصد

⑤ رسول اللہ ﷺ کے زمانے میں خواتین مسجدوں میں نماز ادا کیا کرتی تھیں؛ کیوں کہ آج کی طرح فتنہ وفساد کا اندیشہ نہیں تھا، عورتوں کے لباس ڈھکے چھپے ہوتے تھے، لوگ نگاہوں ہی کی نہیں دلوں کو بھی بُرائی سے محفوظ رہتے تھے، اور رسول اللہ ﷺ پر نزول وحی کا سلسلہ جاری تھا، آپ وقتاً فوقتاً نازل ہونے والی آیات کو نمازوں کے بعد پیش فرماتے تھے، ظاہر ہے کہ اللہ کی کتاب مردوں کے لئے بھی ہے اور عورتوں کے لئے بھی؛ اس لئے نمازوں میں ان کی شرکت کا انتظام کیا جاتا تھا، بعد کو اخلاقی بگاڑ اور بے حیائی کے رجحان کو دیکھتے ہوئے فقہاء نے عورتوں کے مسجد میں نماز ادا کرنے کو حرام اور ناجائز تو نہیں قرار دیا؛ لیکن کہا کہ یہ بہتر نہیں ہے، اور ان کا یہ اجتہاد پوری طرح منشاء نبوی کے مطابق تھا، اسی کی طرف اشارہ کرتے ہوئے رسول اللہ ﷺ نے فرمایا کہ عورتوں کا گھر میں نماز پڑھنا مسجد میں نماز پڑھنے سے بہتر ہے، اور رسول اللہ ﷺ کی شب و روز کی رفیق اور مزاج شناس اُم المؤمنین حضرت عائشہ صدیقہؓ نے فرمایا کہ اگر آپ ﷺ نے آج کی عورتوں کو دیکھا ہوتا تو ان کو مسجد میں آنے سے منع کر دیا ہوتا"۔

مسجد نبوی کے علاوہ نو مسجدیں مدینہ منورہ میں اور بھی تھیں، مگر خواتین صرف مسجد نبوی آتی تھیں، کیونکہ آپ ﷺ سے نصائح اور احادیث، دینی تعلیم حاصل کرنا مقصود تھا، اس پر غور کیا جاسکتا ہے کہ عورتوں کے لئے مسجدوں کا متبادل فراہم کیا جائے، ہر مسلم محلہ میں ایک ایسا سینٹر ہو جو خواتین کی تعلیم و تربیت کے لئے مخصوص ہو۔

خواتین کو تعلیم کی غرض سے عید الاضحیٰ حاضری کا حکم

⑥ ام عطیہ رضی اللہ عنہا کہتی ہیں کہ رسول اللہ ﷺ نے فرمایا: "کنواری اور پردہ نشیں عورتوں کو عید گاہ لے جاؤ تا کہ وہ عید میں اور مسلمانوں کی دعا میں حاضر ہوں، البتہ حائضہ

عورتیں نماز کی جگہ سے الگ بیٹھیں۔

”قَالَتْ: قَالَ رَسُولُ اللّٰهِ ﷺ: أَخْرِجُوا الْعَوَاتِقَ، وَذَوَاتِ الْخُدُورِ لِيَشْهَدْنَ الْعِيدَ، وَدَعْوَةَ الْمُسْلِمِينَ، وَلْيَجْتَنِبْنَ الْحُيَّضُ مُصَلَّى النَّاسِ“(۱)

فائدہ ا:۔”حیض والی عورتیں بھی عید گاہ میں جائیں“اس سے پتہ چلا کہ اصلاً مسجد عید پڑھنے کی جگہ نہیں کیونکہ حیض والی عورتیں وہاں نہیں جاسکتیں۔

۲۔جب مسلمان دعا کریں تو جن عورتوں کو ماہانہ عذر کی وجہ سے نماز نہیں پڑھنی ہے وہ بھی دعا میں شریک ہوسکتی ہیں، اس طرح انھیں بھی خیر و برکت میں حصہ مل جائے گا۔

۳۔نماز نہ پڑھنے کے باوجود وہ خطبہ تو سن سکتی ہیں، ورجو مسائل بیان کیے جائیں، ان سے مستفید ہوسکتیں ہیں۔

ازواجِ مطہّرات کے گھر پر خواتین کا اجتماع

⑦ آپ صلی اللہ علیہ وسلم کا معمول مبارک روزانہ مغرب کے بعد اُن اُم المومنین کے یہاں قیام کا تھا جن کے یہاں آپ کی باری ہوتی تھی، یہیں دوسری ازواج مطہرات، صاجزادیاں اور گھر کی خواتین جمع ہوجاتی تھیں، حسبِ ضرورت مہاجر اور انصاری خواتین بھی آیا کرتی تھیں اور کبھی براہ راست اور کبھی ازواج مطہرات کے واسطے سے اپنی ضرورت کے مسائل دریافت کرتی تھیں۔

وہ خواتین قابل تعریف ہیں جو علم حاصل کرنے میں شرماتی نہ ہوں

⑦ امہات المؤمنین خصوصا حضرت عائشہ رضی اللہ عنہا اور ام سلمہ رضی اللہ عنہا کے ذریعہ عورتیں مسائل معلوم کرتی تھیں، سن رسیدہ عورتیں خود بارگاہ نبوی میں حاضر ہو کر مسائل معلوم کرتیں،

(۱)سنن ابن ماجہ، كتاب إقامة الصلاة والسنة، حديث: ۱۳۰۸

حضرت عائشہ رضی اللہ عنہا انصاری عورتوں کی تعریف وتوصیف فرماتے ہوئے کہتی ہیں:

"نِعْمَ النِّسَاءُ نِسَاءُ الْأَنْصَارِ لَمْ يَمْنَعْهُنَّ الْحَيَاءُ أَنْ يَتَفَقَّهْنَ فِي الدِّيْنِ"(۱)

"انصار کی عورتیں کیا ہی اچھی عورتیں ہیں کہ حیاء ان کے دین سیکھنے میں رکاوٹ نہیں بنتی"۔

چنانچہ روایت میں ہے: "ام سلمہ رضی اللہ عنہا کہتی ہیں کہ ام سلیم رضی اللہ عنہا رسول اللہ صلی اللہ علیہ وآلہ وسلم کے پاس آئیں اور کہنے لگیں کہ یارسول اللہ! اللہ حق بات سے نہیں شرماتا، تو یہ بتائیے کہ کیا عورت پر جب کہ وہ محتلم ہو غسل (فرض) ہے؟ نبی صلی اللہ علیہ وآلہ وسلم نے فرمایا: (ہاں) جب کہ وہ پانی یعنی منی کو اپنے کپڑے پر دیکھے، تو ام سلمہ رضی اللہ عنہا نے اپنا منہ چھپالیا اور کہا کہ یارسول اللہ صلی اللہ علیہ وآلہ وسلم کیا عورت بھی محتلم ہوتی ہے؟ (یعنی اسے احتلام ہوتا ہے، خواب میں انزال کا واقعہ پیش آتا ہے؟) آپ صلی اللہ علیہ وآلہ وسلم نے فرمایا کہ ہاں، تمہارا داہنا ہاتھ خاک آلود ہوجائے (اگر عورت کی منی خارج نہیں ہوتی) تو اس کا لڑکا اس کے مشابہ کیوں ہوتا ہے؟۔ "نَعَمْ، تَرِبَتْ يَمِيْنُكِ، فَبِمَ يُشْبِهُهَا وَلَدُهَا"(۱)

ان روایات سے پتہ چلتا ہے کہ عورت کو تعلیم وتربیت سے آراستہ و پیراستہ کرنا کتنا ناگزیر ہے اور حضور اکرم صلی اللہ علیہ وآلہ وسلم نے اس کی کس قدر تاکید وتوثیق فرمائی ہے۔

ہر عورت سورہ نور کی تعلیمات ضرور حاصل کرے

امام مجاہد رحمۃ اللہ علیہ سے مرسلاً مروی ہے کہ رسول اللہ صلی اللہ علیہ وآلہ وسلم نے ارشاد فرمایا: "اپنے مردوں کو سورۂ مائدہ اور عورتوں کو سورۂ نور سکھاؤ":

"عَلِّمُوْا رِجَالَكُمْ سُوْرَةَ الْمَائِدَةِ وَعَلِّمُوْا نِسَاءَكُمْ سُوْرَةَ النُّوْرِ"(۲)

حضرت عائشہ رضی اللہ عنہا سے حضور اقدس صلی اللہ علیہ وآلہ وسلم کا ارشاد منقول ہے کہ: "عورتوں کو سوت کاتنا

(۱) بخاری: کتاب العلم باب الحیاء فی العلم، حدیث: ۵۰

(۲) علامہ سیوطی، الدر المنثور: تفسیر سورۂ نور ۶: ۱۰۶/، دار الفکر، بیروت۔

اور سورۂ نور سکھاؤ"عَلِّمُوْهُنَّ الْغَزْلَ وَسُوْرَةَ النُّوْرَ" (۱)

خواتین کی تعلیم امام بخاری رحمۃ اللہ علیہ کی نظر میں

④ کتب حدیث وفقہ میں خواتین سے متعلق مستقل ابواب قائم ہیں؛ خواتین کے مخصوص مسائل پر طویل بحثیں ہیں، جن میں عورتوں سے متعلق حقوق، ذمہ داریاں، اور دائرہ کار موجود ہے، ہر خاتون کو اسی سے روشناس کروایا جانا ہے ضروری ہے؛ امام بخاری نے تعلیم نسواں کے سلسلے میں ایک پورا باب ہی قائم کیا ہے "باب عظة الامام، النساء وتعلیمهن "اگر خواتین کی تعلیم کی اہمیت نہ ہوتی فقہاء ومحدثین ان ابواب کے قائم کرنے کا اہتمام نہ کرتے، صباحی ومسائی مکاتب ومدارس بنات کے قیام کا مقصد بنیادی تعلیم دیناہی ہوتا ہے۔

خواتین پر بنیادی تعلیم کا حصول واجب ہے

رسول اللہ صلی اللہ علیہ وسلم نے ہر مسلمان کے لئے علم حاصل کرنے کو ضروری قرار دیا:"طلب العلم فریضة علیٰ کل مسلم"اس میں مردوں اور عورتوں کے درمیان کوئی تفریق نہیں ہے، اسی طرح دین کی دعوت، امر بالمعروف اور نہی عن المنکر کا حکم پوری امت کے لئے ہے،اس میں عورتیں بھی شامل ہیں۔

متقدمین اور متاخرین دونوں علماء وفقہاء کرام کا اس بات پر اتفاق ہے کہ دینی علم حاصل کرنے کا عورت کو بھی بالکل اسی طرح حکم ہے جس طرح مرد کو ہے۔اس کے دو سبب ہیں:

شرعی اور دینی احکام میں عورت مرد کی طرح ہے۔اسی طرح آخرت میں سزا اور جزا کے اعتبار سے عورت مرد کی طرح ہے اس لئے کہ اسلام نے عورت پر تمام فرائض لازم کئے ہیں، اور مرد کی طرح عورت کو بھی ان کا مکلف بنایا ہے جیسا کہ نماز، روزہ، حج، زکوٰۃ، نیکی، اطاعت، عدل وانصاف، حسن وسلوک اچھی باتوں کا حکم دینا اور برائی سے روکنا؛ لیکن بعض

(۱) العلامة السیوطی، الدر المنثور، تفسیر سورة النور: ۱۰۶/۶۔

خصوصی حالات میں اسلام نے عورت سے کچھ فرائض کو اٹھالیا ہے یا تو اس وجہ سے کہ عورت مشقت وتکلیف میں گرفتار نہ ہوجائے یا اس کی صحت کی خرابی کی حالت جیسے ماہواری اور زچگی، حیض،نفاس میں عورت سے نماز کو معاف کرنا اور روزہ، سے رخصت دینا یا اس کی وجہ سے وہ کام عورت کی جسمانی وضع سے اور نسوانی طبیعت سے میل نہیں کھاتا مثلاً یہ کہ وہ میدان جنگ میں لڑائی کرے یا لوہاری یا معماری کرے اور وہ ذمہ داریاں اس سے چھوٹ جائیں جس کیلئے اسے پیدا کیا گیا ہے یا کوئی کام ایسا ہو جس کے کرنے سے کوئی خطرناک معاشرتی فساد مرتب ہو۔ اہل عقل و بصیرت والوں کے ہاں عورت کو اس کے دائرہ کار سے اٹھا کر دوسری جگہ پر لے جانا عورت کی قدر و منزلت اور عزت کو گھٹانا ہے۔

عورتوں کے لئے حصول علم کے درجات

فقہاء نے لکھا ہے کہ جن احکام کی روز مرہ ضرورت پڑتی ہے ان کو حاصل کرنا فرض ہے، نیز علم کا طلب کرنا فرض ہے اتنی مقدار جتنی کہ ضرورت پڑتی ہے ضروری طور پر ایسے معاملات کیلئے جن کا حاصل کرنا ضروری ہو وضو اور نماز اور دیگر سارے شرائع اور اپنی معیشت کے امور کو سرانجام دینے کیلئے علوم حاصل کرنا لازم ہے،اس کے علاوہ علوم کا حاصل کرنا فرض نہیں۔

"وفي البزازية طلب العلم والفقه إذا صحت النية أفضل من جميع أفعال البر وكذا الاشتغال بزيادة العلم إذا صحت النية وهو أقسام فرض وهو مقدار ما يحتاج إليه لإقامة الفرائض ومعرفة الحق والباطل والحلال والحرام ومستحب وقربة كتعلم ما لا يحتاج إليه لتعليم من يحتاج إليه ومباح وهو الزيادة على ذلك للزينة والكمال ومكروه وهو التعلم ليباهي به العلماء ويماري به السفهاء ولذلك كره الإمام تعلم الكلام والمناظرة فيه

وراء قدر الحاجۃ" (۱)

عورتوں کی تعلیم کا مقصد

حضرت تھانوی رحمۃ اللہ علیہ نے فرمایا: "میں کہتا ہوں ان عورتوں کو مذہبی تعلیم دیجئے ،عورتوں کے لئے تو بس ایسی کتابیں مناسب ہیں جن سے خدا کا خوف، جنت کی طمع ،اور شوق، دوزخ سے ڈر اور خوف پیدا ہو،اور اس کا اثر عورتوں پر بہت اچھا ہوتا ہے،اس لئے میں پھر کہتا ہوں کہ عورتوں کو وہ تعلیم جس کو پرانی تعلیم، دینی تعلیم کہا جاتا ہے بقدر کفایت ضرور دینی چاہیے، وہی تعلیم اخلاق کی اصلاح کرنے والی ہے جس سے ان کی آخرت اور دنیا سب درست ہو جائیں گے،تا کہ عقائد صحیح ہوں، عادات درست ہوں، معاملات صاف ہوں، اور اخلاق پاکیزہ ہوں ۔(۲)

صحابیات کی دینی مسائل کے متعلق دلچسپی

☆ صحابہ کرام رضی اللہ عنہما اور صحابیات اسلام قبول کرنے کے بعد سب سے پہلے قرآن سیکھنے کی طرف متوجہ ہوتے اور گھر گھر قرآن کی تعلیم ہوتی، خانگی مکاتب جاری ہو گئے تھے،صحابہ رضی اللہ عنہم ان کی اولاد اور بیویاں تک قرآن کی تعلیم سے بہرور ہو گئیں اور مدینہ منورہ اور اس کے اطراف میں جو بستیاں تھیں ان میں حفاظ کرام اور حافظہ خواتین کی تعداد بڑھ گئیں یہاں تک کہ چھوٹے چھوٹے معصوم بچوں نے بھی قرآن مجید کی چھوٹی بڑی سورتیں یاد کرلیں اور صحابیہ آپس میں بیٹھ کر قرآن ایک دوسرے کو سکھاتیں،اور فخریہ بیان کرتی تھیں کہ الحمد اللہ مجھے قرآن مجید کا فلاں فلاں حصہ حفظ یاد ہو گیا ہے۔

☆ ابتدائی دورِ اسلام میں پانچ خواتین لکھنا پڑھنا جانتی تھیں : ام کلثومؓ، عائشہ بنت

(۱) مجمع الانہر ۴: ۱۸۴/
(۲) التبلیغ: ۸/ ۶۳

سعدؓ، مریم بنت مقدادؓ، شفا بنت عبد اللہؓ اور ام المؤمنین حضرت عائشہؓ، حضرت شفاؓ نے نبی کریم ﷺ کی ہدایت پر حضرت حفصہؓ کو کتابت سکھائی تھی، نبی کریمؐ کی اس توجہات کا نتیجہ تھا کہ تمام اسلامی علوم وفنون مثلاً تفسیر، حدیث، فقہ وفتاویٰ، خطابت، شاعری اور طب وجراحت میں بہت سی صحابیات نے کمال حاصل کیا۔

۱۔ ایک صحابیہؓ بیمار ہوئیں اور یہ نذر مانی کہ اگر خدا شفا دیگا تو بیت المقدس میں جا کر نماز پڑھوں گی، صحت یاب ہوئیں تو سامانِ سفر کیا اور رخصت ہونے کے لیے حضرت میمونہؓ کی خدمت میں حاضر ہوئیں انہوں نے کہا کہ مسجد نبوی میں نماز پڑھ لو، رسول اللہ ﷺ نے فرمایا ہے کہ میری مسجد میں ایک نماز دوسری مساجد کی ہزار نمازوں سے بہتر ہے۔

۲۔ فاطمہ بنت ابی جیشؓ، حمنہ بنت جحشؓ اور حضرت عبد اللہ بن مسعودؓ کی بی بی زینبؓ ان بیبیوں کا حضور ﷺ سے مسئلے پوچھنے کے لئے گھر سے آنا حدیثوں میں آیا ہے، پہلی بی بی نے استحاضہ کا مسئلہ پوچھا دُوسری بی بی ہمارے حضور ﷺ کی سالی، حضرت زینب کی بہن ہیں اُنہوں نے بھی استحاضہ کا مسئلہ پُوچھا تھا اور تیسری بی بی صدقہ دینے کا مسئلہ پُوچھا تھا عبد اللہ بن مسعود رضی اللہ عنہ ایک بڑے صحابی ہیں یہ اُن کی بی بی ہیں۔

صحابیات مکتب پڑھاتی تھیں

عورتیں بھی مکاتب میں تعلیم دیتی تھیں، تابعی عبد ربہ بن سلیمانؒ فرماتے ہیں کہ: ام درداء رضی اللہ عنہا نے مجھے اپنی تختی میں کچھ سکھایا تھا اس میں سے یہ بھی لکھ کر کر دیا تھا

"کتبت لي أمّ الدَّرْدَاء في لَوْحِي: اطلبُوا العِلْم صِغاراً، تَعْمَلُوا بِهِ كِبَاراً، فَإِنَّ لِكُلِّ حَاصِد مَازرع"

حکمت بچپن سے سیکھو، اور بڑے ہونے کے بعد عمل کرو، اور کہا تھا: انسان جو بوتا ہے وہ کاٹتا ہے، خواہ شر بوئے یا خیر"(۱)

(۱)۔ (سیر اعلام النبلاء ۲۴: ۱۲۹/۸، تاریخ دمشق: ھیجمۃ، ۷/ ۱۵۸

خواتین کی تعلیم و تربیت عقل کی روشنی میں

مرد جس طرح احکام کے مکلف ہیں اسی طرح عورتیں بھی ہیں

① احکام شریعت جہاں مردوں سے مخاطب ہوتے ہیں وہیں عورتوں سے بھی ان کا خطاب ہوتا ہے، خالق کائنات نے عقائد، عبادات، معاملات، معاشرت اور اخلاقیات کا مکلف جیسے مردوں کا بنایا ہے اسی طرح عورتوں کو بھی ان احکامات کا مکلف بنایا ہے، اور جیسے علم کے ذرائع ظاہری حواس، عقل وفہم مردوں میں بھی ہیں اور عورتوں میں بھی؛ لہذا اتنی دینی تعلیم بے حد ضروری ہے، جن سے وہ دین پر صحیح طور سے عمل پیرا ہوسکیں اور شریعت کے مطالبات کو روبہ عمل لاسکیں، رسول اللہ صلی اللہ علیہ وآلہ وسلم نے ارشاد فرمایا: اسی لئے عورتوں پر بھی علم دین حاصل کرنا ضروری ہے۔ ''إن النساء شقائق الرجال ''(۱)

بنیادی تعلیم کے بغیر سماجی حقوق ادا کرنا دشوار ہے

② علم دین انسان کو انسان بنانے کے ساتھ حق و باطل کی تمیز، اچھے برے کے فرق سے آگاہ، معاشرتی وسماجی حقوق سے روشناس، اخلاق وآداب سے آراستہ، فتنوں سے دامن کو محفوظ، ضلالت وگمراہی کو واضح اور ان سے بچنے کی راہیں ہموار کرتا ہے؛ بقدر ضرورت علم کا حصول ہر مسلمان مرد وعورت پر فرض عین ہے، یعنی وہ اتنا دینی علم حاصل کرے کہ جس سے وہ اپنی عبادت درست طریقہ پر ادا کرسکے، حلال وحرام کو پہچان سکے، اس کے علاوہ دینی علوم کا حاصل کرنا فرض کفایہ ہے، اسی وجہ سے ہر مسلمان پر اس کا حاصل کرنا فرض ہے:

طَلَبُ الْعِلْمِ فَرِيضَةٌ عَلَى كُلِّ مُسْلِمٍ (۲)

تمام علماء کا اتفاق ہے کہ اس لفظ ''مسلم'' میں مرد وعورت دونوں داخل ہیں۔ (۳)

---

(۱) ترمذی، حدیث ۱۱۳ :

(۲) سنن ابن ماجہ، حدیث ۲۲۴ :

(۳) اصلاح خواتین ۲۹۴ : مولانا اشرف علی تھانویؒ، ادارہ افادات اشرفیہ، دوبگا، ہردوئی، روڈ لکھنؤ۔)

لڑکیوں کو تعلیم سے آراستہ کرنا ان پر بڑا احسان ہے

③ کسی پر احسان کرنا ایک مستحسن امر ہے جسکی قرآن و حدیث میں جا بجا تلقین ہے اور تعلیم سے آراستہ کرنا احسانات میں سب سے بہترین احسان ہے، چنانچہ احادیث مبارکہ میں اولاد کے ساتھ احسان کا جہاں ذکر آیا ہے؛ شارحین حدیث نے وہاں اچھی تعلیم و تربیت کو بھی شامل کیا ہے، آج خاندانوں میں جھگڑے مال کم ہونے کی وجہ سے نہیں بلکہ دینی علم کم ہونے کی وجہ سے ہے، خلع وطلاق کے واقعات دولت نہ ہونے کی وجہ سے نہیں بلکہ تربیت نہ ہونے کی وجہ سے ہے۔

حدیث میں ہے کہ "ان اکرم المؤمنین احسنکم اخلاقا الطفکم اھلا"۔

تم میں سب سے زیادہ قابل تکریم وہ مسلمان ہے جس کے اخلاق پاکیزہ ہوں اور عورتوں، بیویوں کے ساتھ لطف و مروّت اور مدارت کا برتاؤ کرتا ہو۔ عورتوں کے ساتھ احسان و اکرام میں تعلیم و تربیت بھی داخل ہے، آج کسی یتیم لڑکی کی کوئی تعلیم و تربیت کی فکر سے فیس ادا کرنے کی ذمہ داری لے تو احسان سمجھا جاتا ہے، اسی طرح اپنی خواتین کی فکر بھی احسان و اکرام میں داخل ہے۔

خواتین کی تعلیم و تربیت آپ صلی اللہ علیہ وآلہ وسلم کی وصیت میں شامل ہے

④ نبی کریم صلی اللہ علیہ وآلہ وسلم نے سب سے زیادہ توجہ عورتوں کی طرف دی ہے حتی کہ عین وفات کے وقت جو آخری کلمہ حضور صلی اللہ علیہ وآلہ وسلم کی زبان مبارک سے نکلا وہ یہ تھا کہ "اتقوا اللہ فی النسآءِ"

اے لوگو! عورتوں کے بارے میں اللہ سے ڈرو، یہ امانتیں ہیں جو تمہارے سپرد کی گئی ہیں، ایسا نہ ہو کہ تم امانت میں خیانت کرو اور قیامت کے دن تم سے باز پرس ہو، یہ آخری کلمہ ہے جو عین وفات کے وقت فرمایا ہے وہ یہ تھا کہ عورتوں کی فکر کرو کہیں یہ ضائع نہ ہو

جائیں، ان کو خراب نہ کر دیا جائے، ان کی تربیت نہ تباہ ہو جائے، ان کا دین نہ برباد ہو جائے اور دنیا نہ خراب ہو جائے۔ تو جس ذاتِ اقدس نے خود عورتوں کے بارے میں اتنی توجہ کی اس کی امت کا بھی فرض ہے کہ وہ توجہ کرے۔

اس سے اندازہ کیجئے کہ امت کے لیے نبی اکرمؐ نے جہاں اتنا خیال کیا، امت کیا خیال کر رہی ہے؟ امت نے یہ کیا کہ طرزِ عمل سے باور کرا دیا کہ تم نہ دینی ترقی کے قابل، نہ دینی عمل کے قابل، یہ تمہارا کام ہی نہیں، بس تمہارا کام یہ ہے اگر تم غریب ہو تو گھر بیٹھ کے کھانا پکاؤ، اور اگر تم دولت مند ہو تو کھانا ملازمہ پکا لے گی، تم اچھے کپڑے پہن لیا کرو، بہترین زیور پہن لیا کرو اور جو جی میں آئے آرائش زیبائش کر لیا کر، ان کے بدنوں کو تو سنوار دیا لیکن دلوں کو ویران کر دیا، بدن کی آرائش و زیبائش تو چند دن کی بہار ہے، بیماری کے تین دن ساری جوانی ڈھیلی پڑ جاتی ہے، چہرے کی تازگی اور سرخی بھی ختم، منہ پر جھریاں چھا جاتی ہیں، صورتوں کے حسن و جمال سے زیادہ سیرت کے حسن و جمال، اخلاق کی پاکیزگی پر محنت کریں۔

تعلیم کے بغیر ایک عورت عورت نہیں بن سکتی

⑤ ایک بیٹی، حقیقت میں رحمت اسی وقت بن سکتی ہے، جب کہ اس کا قلب اسلامی تعلیمات سے روشن اور فاطمی کردار و گفتار کا پیکر ہو، ایک عورت، مرد کے لیے شریکِ حیات کی شکل میں روحِ حیات کا سبب اسی وقت بن سکتی ہے، جب اس کا دل سیرتِ خدیجہؓ سے سرشار ہو، وہ ایک مشفق "ماں" اسی وقت ثابت ہو سکتی ہے؛ جب کہ اس کی گود بچے کے لیے پہلا اسلامی مکتب ثابت ہو، وہ بھائیوں کی محبتوں کا مرکز اسی وقت ہو سکتی ہے، جب اس کے جذبات ویسے ہوں، جیسے حضرت عائشہؓ کے جذبات، اپنے بھائی حضرت عبد الرحمن کی وفات کے بعد تھے۔

خواتین کی تربیت کے لئے خواتین کا تربیت یافتہ ہونا ضروری ہے

⑥ خواتین کے طبقہ کو بھی میدانِ علم و دعوت میں ان کے گھریلو امور کے ساتھ خوب استعمال کیا جانا وقت کا تقاضا ہے، آج مغرب اسی اصول پر کاربند ہونے کی وجہ سے ''آزادئ نسواں'' کا نعرہ لگا کر دھوکہ دے رہا ہے، بالخصوص جب کہ ارتداد، الحاد، خدابیزاری، شریعت بیزاری، اختلاط اور مغرب کا طوفان بدتمیزی سارے حدود پار کر چکا ہے، خواتین کو دوکان پر، آفس میں، کمپنی میں، فلائٹ میں، ہر جگہ کی زینت بنا دیا، حتی کہ مردوں کا اکاؤنٹ عورت ہیک (hack) کر رہی ہے، چوری اور لوٹنے کا ملکہ بھی حاصل کرلیا، ہر جگہ عورت کے ذریعہ روشن کی جانے لگی؛ مگر گھر کے اندھیرے کو روشن کرنے کی فکر نہیں ہے، گھر کا چراغ دنیا کو روشن کر رہا ہے، عورت کی تعلیم ہوئی تو وہ کمپنی بھی چلا رہی ہے، جب تربیت نہ ہوئی تو گھر بھی برباد ہو رہا ہے۔

عورت بے دینی کی وجہ سے آج وہ دین و ایمان سے دور ہے، غیر ضروری رسومات کا رواج عام ہوتے جا رہا ہے، عورت بے دین رہے گی تو مسجد و بازار کا دیندار بھی گھر میں دینداری قائم نہیں کر سکتا۔

خواتین کے ذریعہ باطل کی محنت

⑦ دیگر ادیان و افکار کے مبلغین اپنی خواتین کے ذریعہ اسلام اور اہل سنت والجماعت پر اشکالات کا مسلسل سلسلہ جاری کر چکے ہیں، اسٹیج پر بڑی بے شرمی سے اسلام پر اعتراضات ، بے حیائی کی گفتگو، نفرت بھری باتیں ، ایک عورت ایک دیہات کو مرتد بنا دیتی ہے، ایسے ماحول میں ہم اپنی خواتین کو مبلغہ نہ بھی بنا سکیں تو کیا کم از کم خود کے دین کی حفاظت کی حد تک تعلیم بھی نہیں دے سکتے ؟ جبکہ ضرورت اس بات کی تھی کہ اپنی خواتین ، طالبات و معلمات کو مخصوص کورسس کے ذریعہ فکری ارتداد کے اس میدان کے قابل بنایا جاتا۔

اس کے لئے معلمین کی خواتین، اور مبلغین کی عورتیں کا اپنے بہت سے فارغ اوقات کو استعمال میں لا کر اپنے ان اوقات اور صلاحیتوں کو دعوتی اور اصلاحی میدان میں بہترین طور پر کام انجام دیا جا سکتا ہے، اس کے ذریعہ مدارس آس پاس کے علاقوں کے لئے بھی بافیض ہو سکتے ہیں، خود ائمہ کرام اور حفاظ عظام کا گاؤں، دیہاتوں اور بنجر علاقوں میں قیام اپنی خواتین کو تیار کر کے زیادہ نفع بخش بن سکتے ہیں۔

خواتین مسلم سماج کا نصف حصہ ہیں

⑧ خواتین انسانیت کا نصف حصہ ہیں، ان کی تربیت او راصلاح کے بغیر صالح معاشرہ کی تشکیل نہیں ہو سکتی، اس لئے تعلیم جتنی ضروری مرد کے لیے ہے، اتنی ہی ضروری عورتوں کے لئے بھی؛ مردوں کی دینی تعلیم و تربیت سے تو گھر سے باہر کا ماحول درست ہوتا ہے اور خواتین کی تعلیم و تربیت سے گھر کا اندورنی ماحول بنتا ہے، اسی ماحول میں بچے آنکھ کھولتے ہیں، گھر کے در و دیوار کے اندر ہی ان کا معصوم بچپن گذرتا ہے اور ان کی ذہنی وفکری نشو ونما ہوتی ہے، اس وقت ہمارے اندر جو بگاڑ اور فساد ہے، اور شریعت کے احکام پر رسوم و رواج کا غلبہ ہے وہ دراصل خواتین کی دین سے دوری اور ناواقفیت اور دینی تربیت کے فقدان کی وجہ سے ہے۔

کیا قوم کا نصف حصہ جاہل رہے گا تو قوم تربیت پائے گی؟

⑨ عورت کی تعلیم و تربیت، حسنِ اخلاق، اعمال صالحہ کا اہتمام، محبتِ اور خشیت الٰہی کا پیدا کرنا اتنا ہی ضروری ہے جتنا ایک مرد کے لیے ضروری ہیں؛ کیونکہ عورت انسانی معاشرہ کا نصف حصہ ہے، اس کے عادات و اطوار کا براہ راست اثر معاشرہ پر ہوتا ہے؛ بلکہ معاشرہ کی تعمیر میں عورت کا کردار بمقابلہ مرد کے زیادہ ہوا کرتا ہے؛ کیونکہ انسان کی خشت اول عورت سے ہے، ماں جس قدر بہترین کردار کی حامل ہوگی اتنا ہی اثر اولاد پر ہوگا، اگر

ماں بدکردار ہوگی تو اس کے گود سے تیار ہونے والی انسانی کھیپ بھی بدکردار ہوگی، جو آئندہ چل کر معاشرہ کے بگاڑ اور اخلاقی بحران کا سبب بنے گی۔

کیا قوم کی خواتین صلاحیتوں سے محروم ہیں؟

(۱۰) اسلام نے لڑکیوں کی تعلیم کو بھی خصوصی اہمیت اور توجہ دی ہے، خود عہد نبوی میں بھی عورتوں اور لڑکیوں کی تعلیم و تربیت کا نظم تھا، جس کی وجہ سے خواتین میں اعلیٰ درجہ کی مفسّرہ، محدّثہ اور فقیہ پیدا ہوئیں اور ان سے عورتوں نے بھی کسب فیض کیا اور مردوں نے بھی؛ کیا اب امت مسلمہ ایسی خواتین سے محروم ہو چکی ہے، ہم یہ تسلیم کرنے تیار نہیں ہیں کہ مسلمان خاتون قرآن کی تفسیر، حدیث کی تشریح، فقہ وفتاوی کا گہرا علم رکھ سکتی ہے، یا ہم اپنے حسن نظام وتعلیم کی کوتاہیوں پر پردہ ڈالے رہنا چاہتے ہیں۔

امام ابی جعفر صادق رحمۃ اللہ علیہ کی "طحاوی شریف" حدیث شریف کی کتاب ہے مدارس میں پڑھائی جاتی ہے، یہ عورت کا طفیل ہے، امام طحاویؒ کی بیٹی نے حدیث کی کتابیں املاء کی ہیں، باپ حدیث اور اس کے مطالب بیان کرتے تھے، بیٹی لکھتی جاتی تھی، اس طرح کتاب مرتب ہوگئی، گویا جتنے علماء اور محدث گزرے ہیں یہ سب امام ابی جعفر صادقؒ کی بیٹی کے شاگرد اور احسان مند ہیں، یہ بھی ایک عورت تو تھی، کوئی وجہ نہیں ہے کہ امام طحاویؒ کی بیٹی تو محدث بن سکے ہماری کوئی بہو بیٹی ایک اچھی مسلمان بھی نہ بن سکے، وہی نسل ہے وہی ایمان و دین ہے، وہی علم تھا آج بھی موجود ہے۔ بس توجہ اور بے توجہی کا فرق ہے۔ ان لوگوں نے توجہ دی تو عورتیں بھی ایسی بنیں کہ بڑے بڑے مرد بھی ان کے شاگرد بن گئے۔ آج توجہ نہیں کرتیں تو کمال نہیں پیدا ہوتا؛ مگر صلاحیتیں موجود ہیں۔

کیا خواتین میں صلاحیت کم ہے؟

خواتین میں بھی تعلیمی صلاحیت موجود ہے خواتین کے اندر صلاحیتیں مرد کے برابر نہ صحیح

مگر مرد سے کم بھی نہیں ہوتیں، طاقت کے معاملے میں مردوں کے شانہ بشانہ پتھر بھی اٹھائے، جنگیں بھی لڑی ہیں، جسمانی ساخت میں عورت مرد کے مقابلے کچھ کمزور واقع ہوئی ہے ورنہ عقل وشعور کی جملہ صلاحیتیں مرد کی طرح عطا کی گئی ہیں، حافظ قرآن، عالمات، معلّمات کے زمرے میں خواتین نے ہر زمانے میں مردوں کے برابر کامیابی حاصل کی ہے، جدید علوم کے میدان میں بھی ڈاکٹرس، انجینئرس، سائنٹسٹ یہاں تک کہ ہوائی جہاز اڑانے کے فنون میں خواتین آج بھی موجود ہیں، خلوص اور لگن کے باب میں تو خواتین مردوں سے کہیں آگے ہیں، لڑکیوں کا رزلٹ لڑکوں سے اکثر بہتر ہی سامنے آیا ہے۔

خواتین کو مخصوص عہدے نہ دینے کی وجہ؟

علماء اسلام نے ان عورتوں کا ذکر کیا ہے جو ولایت کے مقام تک پہنچی اور کامل ہوئی ہیں، البتہ کچھ عہدے اسلام نے ایسے رکھے ہیں جو عورتوں کو نہیں دیے گئے، اس بنا پر کہ عورت کا مقام حرمت وعزت کا ہے، نبی بننے کے بعد اجنبی مردوں سے اختلاط ضروری ہے، جس سے فتنے پیدا ہوجاتے ہیں، برائیوں کا اندیشہ رہتا ہے، اس لیے عورتوں کو ایسے عہدے نہیں دیے گئے جس سے فتنوں کے دروازے کھلیں؛ لیکن صلاحیتیں موجود ہیں، صلاحیت اس حد تک تسلیم کی گئی ہے کہ علماء کی ایک جماعت اس بات کی بھی قائل ہے کہ عورت نبی بن سکتی ہے، رسول تو نہیں بن سکتی۔(۱) اگرچہ کہ جمہور کا یہی کہنا ہے کہ عورت نہ نبی بن سکتی ہے اور نہ رسول۔

---

(۱) نبی اسے کہتے ہیں جس سے ملائکہ علیہم السلام خطاب کریں اور خدا کی وحی اس کے اوپر آئے۔ رسول اسے کہتے ہیں جو شریعت لے کر آئے اور خلق اللہ کی تربیت کرے، اس لیے تربیت کا مقام تو نہیں دیا گیا مگر ان کے نزدیک نبوت کا مقام عورت کے لیے ممکن ہے، حتٰی کہ "ظاہریہ" کی ایک جماعت اس کی قائل ہے کہ حضرت مریم علیہا السلام نبی ہیں، فرشتے نے خطاب کیا ہے۔ حضرت موسٰی علیہ السلام کی والدہ نبی تھیں اور فرعون کی بیوی حضرت آسیہ علیہا السلام جو ابتداء سے ہی مسلمان تھیں وہ نبوت کے مقام پر پہنچیں۔

عالم بشریت میں نبوت سے بڑا انسان کے لیے کوئی مقام نہیں ہے، خدائی کمالات کے بعد اگر بزرگی کا کوئی درجہ ہے تو وہ نبوت کا ہے اس سے بڑا کوئی درجہ نہیں، جب عورت کو یہ درجہ بھی مل سکتا ہے تو عورت کی صلاحیت کی وجہ سے ہی ہے۔

کیا خواتین کی قوتِ عقل کم ہے؟

بچوں کا قصہ بعد میں آتا ہے، خود خاوند بھی عورت سے متاثر ہوتا ہے، عورتیں جب کسی چیز کو منوانا چاہتی ہیں تو منوا کے رہتی ہیں، خاوند کو مجبور کر دیتی ہیں، اس میں ایک پہلو جہاں عورتوں کے لیے عمدہ نکلتا ہے وہاں ایک بات کمزوری کی بھی نکلتی ہے۔ وہ یہ ہے کہ نبی کریم ﷺ نے ارشاد فرمایا: یہ عورتیں ہیں تو ناقص العقل، ان کی عقل کم ہے، مگر بڑے بڑے کامل العقل مردوں کی عقلیں اچک کر لے جاتی ہیں، اچھے خاصے عقل مند بھی ان کے سامنے پاگل بن جاتے ہیں۔

"ما رایت من ناقصات عقل و دین اذھب للب الرجل الحازم من احد کن"

ساری دنیا کی عورتوں کا مزاج ایک جیسا ہی ہوتا ہے اور مردوں کی ذہنیت بھی ایک ہی ہوتی ہے، البتہ تمدن کا فرق ہے۔

رسومات کن کے فیصلے سے ہیں؟

شادی بیاہ وغیرہ کی اکثر رسمیں جو دولت اور دین کو بھی برباد کرتی ہیں، کیوں سمجھ دار اور عقل مند آدمی اپنی آنکھوں سے دیکھ کر بھی دولت اور دین بھی برباد کر رہا ہے؟ جواب ہوگا کہ جی عورتیں نہیں مانتیں کیا کریں! گویا عورتیں حکام ہیں، وہاں سے آرڈر جاری ہوتا ہے اور یہ غلام و رعایا ہیں ان کا فرض ہے کہ اطاعت کریں۔

حضور ﷺ کا فرمان صادق آیا کہ "ہیں تو یہ ناقص العقل مگر اچھے بڑے عقل والوں کی

عقلیں اچک کرلے جاتی ہیں اور انہیں بے وقوف بنادیتی ہیں، تو جب عورت میں یہ قوت موجود ہے کہ عقل مند کو بھی بے وقوف بنا دیتی ہے اور اچھے بھلے مرد کو مجبور بنادے، اگر وہ کسی اچھی چیز کے لیے مرد کو مجبور کرے گی تو مرد کیوں نہیں مجبور ہوگا؟

بیوی اطاعت پر لانے کی ضد

اگر کوئی عورت اپنے خاوند سے یوں کہہ دے کہ آپ کا حکم واجب الاطاعت ہے، آپ خدا کی طرف سے میرے مربّی ہیں؛ لیکن جب تک آپ نماز نہیں پڑھیں گے میں بھی آپ کے حکم کی پابند نہیں ہوں، شوہر ضرور پڑھے گا چاہے خدا کے لئے نہ پڑھے بیوی کے لئے تو ضرور پڑھے گا، عورتیں ضد کر کے دنیا کی بات منوالیتی ہیں کوئی وجہ نہیں کہ دین کی بات نہ منوالیں۔

ماضی میں تاریخ گواہ ہے کہ عورتوں کی بدولت بہت سے خاندانوں کی اصلاح ہوگئی ہے، بعض خاندان ایسے تھے جو خرافات میں مبتلا تھے، گھر میں دولت تھی، کہیں سینما کہیں تھیٹر ، نماز کا تو کہیں سوال ہی نہیں، اتفاق سے عورت نہایت صالح اور دیندار گھرانے کی آ گئی، چند دن اس نے صبر کیا، چندہ ماہ بعد کہنے لگی : یہ نبھاؤ مشکل ہے کہ رمضان میں روزے سے رہوں گی اور تم بیٹھ کے کھانا کھاؤ گے اور پکانے پر مجھے مجبور کرو گے، میں پکانے کے لیے مجبور نہیں ہوں، جہاں چاہے پکواؤ اِس گھر میں یہ نہیں ہوگا، اس بددینی میں تمہاری اعانت کر سکوں یہ خود گناہ کی بات ہے، یا تو اپنا بندوبست کرو یا پھر ان خرافات کو چھوڑ دو، آخر مرد مجبور ہوئے، نماز روزے کے پابند ہو گئے اور بہت سی اچھی خصلتیں پیدا ہوگئیں۔

عموماً خاندانوں میں جھگڑے عورتوں کی بدولت پیدا ہوتی ہیں، ایک دوسرے کو اتار چڑھاؤ سے بدظن بنادیتی ہیں، دو حقیقی بھائیوں میں لڑائی پیدا کردیتی ہیں حتیٰ کہ خاندانوں میں نزاع اور جھگڑے پیدا ہو جاتے ہیں، اس کے برعکس اگر عورت نیک نہاد اور نیک طینت ہے تو بڑے بڑے جھگڑے ختم کرا دیتی ہے، خاندان مل جاتے ہیں، جب اللہ نے ایک طاقت دی ہے تو اس کو صحیح راستے پر خرچ کیا جائے۔

خواتین کی تعلیم کی فکر مردوں سے زیادہ اہم ہے

⑪ حضرت تھانوی رحمۃ اللہ علیہ نے فرمایا کہ: کم از کم ہر مسلمان عورت کو اپنی مذہبی تعلیم سے واقف ہونا چاہئے اور ہمیں اپنے اوپر لازم کرلینا چاہئے کہ ہم انہیں قرآن وحدیث، اردو لکھنا پڑھنا، معاشرت، معاملات، اخلاقیات، حساب وکتاب اور امور خانہ داری کی تعلیم دیں... لڑکیوں کی اصلاح اور تعلیم اہم اور زیادہ ضروری ہے؛ کیونکہ لڑکے تو بعد میں نکل کر استاد اور مشائخ کی صحبت میں بھی پہنچ جاتے ہیں جس سے ان کی اصلاح ہو جاتی ہے، مگر لڑکیوں کو یہ بات میسر نہیں ہوتی؛ کیونکہ وہ ہر وقت گھر میں رہتی ہیں، ان کے لئے یہی اسلوب بہتر ہے کہ گھروں میں دینی تعلیم کا انتظام کیا جائے.... لڑکیوں کی اصلاح نہ ہونے میں سارا قصور ماں باپ کا ہے، کہ وہ لڑکیوں کی دینی تعلیم کا انتظام واہتمام بالکل نہیں کرتے۔(۲)

خواتین کی تعلیم کی فکر کو مردوں سے زیادہ کیوں ضروری ہے؟

⑫ حضرت مولانا اشرف علی صاحب تھانویؒ فرماتے ہیں کہ:

''تجربہ سے ثابت ہوا ہے کہ مردوں میں علماء کا پایا جانا مستورات کی دینی ضروریات کے لئے کافی وافی نہیں، دو وجہ سے: اولاً پردہ کے سبب سے سب عورتوں کا علماء کے پاس جانا تقریباً ناممکن ہے اور گھر کے مردوں کو اگر واسطہ بنایا جائے تو بعض مستورات کو گھر کے ایسے مرد بھی میسر نہیں ہوتے، اور بعض جگہ خود مردوں ہی کو اپنے دین کا اہتمام نہیں ہوتا تو دوسروں کے لئے سوال کرنے کا کیا اہتمام کریں گے، پس ایسی عورتوں کو دین کی تحقیق دشوار ہے، اور اگر اتفاق سے کسی کی رسائی بھی

ہوگئی، یا کسی کے گھر میں باپ بیٹا بھائی وغیرہ عالم ہیں تب بھی بعض مسائل عورتیں ان مردوں سے نہیں پوچھ سکتیں، ایسی بے تکلفی شوہر سے ہوتی ہے، تو سب شوہروں کا ایسا ہونا

عادۃ ناممکن ہے تو عورتوں کی احتیاج رفع ہونے کی بجزاس کے کوئی صورت نہیں کہ کچھ عورتیں پڑھی ہوئی ہوں، اور عام مستورات ان سے اپنے دین کی ہر قسم کی تحقیقات کیا کریں ،اس لئے کچھ عورتوں کو متعارف اور مروج طریقے پر تعلیم دینا واجب ہوا''۔(۱)

افسوس! قوم نے خواتین کی تعلیم کو ثانی درجہ میں رکھدیا

کسی بھی سماج اور قوم کی ترقی اور خوشحالی میں خواتین کا اہم رول ہے،خواتین کے تعلق سے ہمیشہ بے توجہی برتی گئی ،اور برصغیر کی امت مسلمہ نے بھی اس سلسلے میں کوئی خاص رول ادا نہیں کیا۔

امت نے لڑکوں کی تعلیم کے لیے مدارس کے قیام کا سلسلہ شروع کیا لیکن لڑکیوں کی تعلیم کا کوئی نظم نہیں کیا،اب کہیں جا کر کچھ ادارے وجود میں آئے،لیکن ان کو انگلیوں پر گنا جاسکتا ہے،ہزاروں دارالعلوم لڑکوں کے لیے قائم کیے گئے ،گاؤں دیہات کا تو ذکر ہی کیا بڑے بڑے شہر مسلم لڑکیوں کے تعلیمی اداروں سے محروم ہیں،یہ نعرہ بھی ہمیشہ لگایا جاتا رہا کہ ایک مرد کی تعلیم صرف ایک مرد کی تعلیم ہے جب کہ ایک عورت کی تعلیم ایک خاندان کی تعلیم ہے مگر خواتین کو ہمیشہ دوسرے درجے کا شہری بنا کر رکھا گیا،کبھی یہ خیال نہیں آیا کہ پہلے لڑکیوں کی تعلیم کا انتظام کیا جائے،لڑکوں کا بعد میں کرلیں گے۔

خواتین کی تربیت کے بغیر صالح معاشرہ کا امکان دشوار ہے

⑬ ہر قوم کی تعمیر وترقی کا انحصار اس کی تعلیم پر ہوتا ہے،تعلیم ہی قوم کے احساس وشعور کو نکھارتی ہے اور نئی نسل کو زندگی گزارنے کا طریقہ سکھاتی ہے،قوم کے نونہالوں کو دین سے روشناس کرانے،تہذیب وثقافت سے بہرہ ور کرنے، خصائل فاضلہ وشمائل جمیلہ سے مزین کرنے اور صالح نشوونما میں قوم کی خواتین کا کردار مرکزی ہوتا ہے۔

(۱) اصلاح خواتین ۲۹۱ :حکیم الامت حضرت مولانا اشرف علی تھانوی ،ادارہ افادات اشرفیہ،دوبگا ہردوئی لکھنو)

عورت پر گھریلو ذمہ داریاں بھی ہوتی ہیں لیکن اس کا مطلب یہ نہیں ہے کہ اس کے لیے امور خانہ داری کے علاوہ باقی کام ممنوع ہیں، بلکہ ایک مسلمان عورت ڈاکٹر، پروفیسر، عالمہ، مورخہ، شاعرہ، ادیبہ اور محققہ وغیرہ سب کچھ ہو سکتی ہے، یہ اس کا پیدائشی ورثہ ہے۔

بعض مسلمانوں کا حال یہ ہے کہ اپنے بیٹوں کی تعلیم پر خصوصی توجہ دیتے ہیں اور بیٹیوں کو گھریلو کام کاج میں لگائے رہتے ہیں، ذہن میں بیٹی کی شادی، جہیز اور دیگر مصارف کا تصور بھی ہوتا ہے، اس لیے وہ اس کی تعلیم پر خرچ کرنے سے بچکتے ہیں اور انہیں بس ابتدائی دینی تعلیم تک ہی محدود رکھتے ہیں، انہیں نہ تو ملازمت کرنی ہے اور نہ ان کو کمانا ہے، اس لیے انہیں اعلیٰ تعلیم کی ضرورت ہی نہیں ہے۔

اگر لڑکیوں کو تعلیم کے حصول کے لیے گھر سے دور بھیجا جائے تو معاشی مسائل، ہاسٹل کی کمی، عدم تحفظ جیسے مسائل کا خوف کہ کہیں بیٹیوں کی عصمت و عفت یا پاکیزگی پر کوئی الزام نہ آجائے، اس لئے انہیں گھر کی چہار دیواری میں محفوظ رکھا جائے۔

شاعر مشرق محمد اقبال عورت کو تمدن کی جڑ قرار دیتے ہیں، ان کی رو سے اگر دیکھا جائے تو یہ جڑ ہیں یعنی "عورتوں" کی صرف نگہداشت اور دیکھ بھال تعلیم کے ذریعہ ہی ہو سکتی ہے، اگر عورت کو تعلیم دی جائے گی تو تمدن کا درخت بار آور ہو گا وہ پھولے گا، پھلے گا، ورنہ نہیں۔

مسلم سماج میں تعلیم و تربیت کا الٹا نظام

(۱۴) سماج میں بیوی کی ذمہ داریاں شوہر اور شوہر کی ذمہ داریاں بیوی کے مطالعہ کرنے کا نتیجہ آئے دن گھروں کو اجاڑ دیتا ہے، شوہر حضرت فاطمہ کو اور بیوی حضرت علیؓ کو پڑھتی ہے، جبکہ بیوی کو حضرت فاطمہ کی زندگی اور شوہر کو حضرت علی رضی اللہ عنہ کی زندگی پڑھنی چاہئے، فقیہ العصر حضرت مولانا خالد سیف اللہ رحمانی لکھتے ہیں کہ: "اس میں کوئی شبہ نہیں کہ اسلام نے ایسی کسی بھی شکل سے منع کیا ہے، جس میں مردوں اور عورتوں کا اختلاط ہو، یہ

ممانعت فطرتِ انسانی کا تقاضہ اور سماج میں اخلاقی قدروں کی حفاظت کے لئے ضروری ہے؛ لیکن اس کا یہ مطلب نہیں کہ عورتوں کو پوری طرح دینی باتوں سے محروم رکھا جائے، ان کی تعلیم وتربیت کا انتظام نہ کیا جائے، انہیں اللہ اور اس کے رسول کے احکام سے ناواقف رکھا جائے، صورت حال یہ ہے کہ ہمارے اجتماعات میں ماں کے حقوق اور اس کے فرائض ان مردوں کے درمیان بیان کئے جاتے ہیں، جو باپ ہوتے ہیں، بیٹیوں کے حقوق وفرائض بیٹوں کے درمیان ذکر کئے جاتے ہیں، بہوؤں کی ذمہ داریاں داماد کے سامنے ذکر کی جاتی ہیں، نکاح وطلاق کے احکام کا بڑا حصہ عورتوں سے متعلق ہوتا ہے؛ لیکن ساری گفتگو مردوں کے مجمع میں ہوتی ہے، عبادات کے بہت سے احکام خواتین کے لئے مردوں سے الگ ہیں؛ لیکن مسائل صرف مردوں کے لحاظ سے بتائے جاتے ہیں، ازواج مطہرات، بنات طاہرات اور وفا شعار اور جاں نثار صحابیات کے بغیر سیرت نبوی کا مضمون مکمل نہیں ہو سکتا؛ لیکن خواتین کے لئے سیرت کے جلسے نہیں کئے جاتے کہ عورتیں سنیں اور سمجھیں کہ پیغمبر اسلام ﷺ کا سلوک خواتین کے ساتھ کس قدر کریمانہ تھا، علماء کو، مسلم تنظیموں کو اور جماعتوں نیز دیگر مذہبی اداروں کو اس پر گہرائی سے غور کرنے کی ضرورت ہے، ہمیں یقینی طور پر ایسی تدبیر اختیار کرنی چاہئے کہ انسانیت کے نصف حصہ (جس کو آج کل نصف بہتر کہا جاتا ہے) تک ہم اسلامی تعلیمات کو پہنچانے کی کوشش کریں"۔

⑮ پڑھنے کے لیے کوئی عمر نہیں ہوتی ،علم حاصل کرنے کے لیے کوئی شرم نہیں ہونی چاہیے، سانس ہے تو چانس ہے، زندگی کی شام ہونے سے پہلے اللہ تعالی نے قرآن اٹھانے کا موقع دے دیا تو اللہ کو پیار آجائے گا، لڑکھڑاتی زبان سے پڑھنے پر دوگنا ثواب ملتا ہے، پوری زندگی جہالت میں گزرگئی، جو دنیا میں اللہ کو نہیں پہچانا وہ قیامت کے دن بھی اللہ کے دیدار سے کیسے محظوظ ہوگا، پوری زندگی حضرت محمد ﷺ کا طریقہ اور سنتیں پسند نہ ہوں تو وہ قبر میں رسول اللہ ﷺ کو کیسے پہچان سکے گا؟ جب زندگی میں آپ ﷺ پسند نہیں تھے تو قبر میں کیسے پسند آجائیں گے؟ وہ سفارش کا مستحق کیسے

بنے گا؟ وہ پل صراط پر سے کیسے گزر جائے گا؟ یہ پسند علم کے ذریعہ سے پیدا کی جاتی ہے۔

تم مجھے اچھی مائیں دو میں تمہیں اچھی قوم دوں گا

☆ نپولین کا قول ہے:۔ ''تم مجھے اچھی مائیں دو میں تمہیں اچھی قوم دوں گا''

☆ کسی عقلمند کا کہنا ہے :۔ ''انقلابات گلی کوچوں میں نہیں بلکہ ماؤں کی گودوں میں پروان چڑھتے ہیں''

☆ قوم کو بدلنا ہو تو سب سے پہلے قوم کی خواتین کو بدلنا ہوگا، جس قوم کی خواتین بگڑی ہوں وہ قوم کبھی انقلاب نہیں پیدا کر سکتی۔

تعلیم نسواں کے مفاسد کے ڈر سے ترکِ تعلیم نہیں بلکہ نظامِ تعلیم پر توجہ

بعض حضرات کی تو رائے یہ ہے کہ عورتوں کو تعلیم دینا مضر ہے (کیونکہ بہت سے مفاسد کا ذریعہ اور پیش خیمہ ہے، جن کا روکنا ضروری ہے) مگر اس کی ایسی مثال ہے کہ کسی نے اپنے گھر والوں کو کھانا کھلایا، اتفاق سے بیوی بچہ سب کو ہیضہ ہوگیا، اب آپ نے رائے قائم کی کہ کھانے پینے سے تو ہیضہ ہو جاتا ہے؛ اس لئے کھانا پینا سب بند اور دل میں ٹھان لیا کہ کھانے پینے سے تو ہیضہ ہو جاتا ہے؛ کھانے پینے کے برابر کوئی چیز بری نہیں۔

(اگر مفاسد کا اعتبار کیا جائے) تو اس سلسلے میں عورتوں کی تخصیص کی بات ہے، اگر مردوں کو بھی پیش آئیں وہ بھی ایسے ہی ہوں گے تو پھر کیا وجہ ہے کہ عورتوں کو تعلیم سے روکا جائے اور مردوں کو تعلیم میں ہر طرح کی آزادی دی جائے؛ بلکہ اہتمام کیا جائے۔(۱)

کیا جدید عصری تعلیم سے لڑکیاں فساد سے محفوظ رہ گئیں؟

حکیم الامت حضرت تھانوی رحمہ اللہ فرماتے ہیں: یہ جدید تعلیم تعلیم نہیں بلکہ تجہیل ہے

(۱) اصلاح خواتین ۲۹۱ : حکیم الامت حضرت مولانا اشرف علی تھانوی ،ادارہ افادات اشرفیہ، دوبگا ہردوئی لکھنو)

اور عورتوں کے لئے تو نہایت ہی مضر ہے، یہ تعلیم تو جہالت سے بھی بدتر ہے، جہالت میں اتنی خرابیاں نہیں جتنی اس تعلیم میں ہیں، عورتوں کے لئے تعلیم کا وقت بچپن کا وقت ہے مگر آج کل شہروں میں بچپن ہی سے لڑکیوں کو ئی تعلیم دی جاتی ہے، جس کا نتیجہ یہ ہے کہ اس تعلیم کے آثار و نتائج ان کے رگ و پے میں سرایت کر جاتے ہیں پھر دوسری کوئی تعلیم ان پر اثر کرتی ہی نہیں، لڑکیوں کی مثال بالکل بھی نرم لکڑی کی سی ہے، اس کو جس صورت پر قائم کر کے خشک کرو گے تمام عمر ویسی ہی رہے گی، جب بچپن ہی سے نئی تعلیم دی گئی، نئے اخلاق سکھائے گئے، نئی وضع قطع، نیا طرز معاشرت ان کی نظروں میں رہا تو وہ اسی میں پختہ ہوگئیں، بڑی ہو کر ان کی اصلاح کسی طرح نہیں ہوسکتی۔ (تبلیغ)

آج کل یورپ اور امریکہ سے زیادہ عورتوں کی تعلیم میں کوئی قوم آگے نہیں مگر یورپ تو عورتوں کی تعلیم سے پریشان ہوگیا کیونکہ وہ اب مقابلہ کرتی ہیں اور مردوں کے برابر حقوق طلب کرتی ہیں، اب انکا بھی فتوی یہی ہے کہ عورتوں کو دنیا کی تعلیم نہیں دینی چاہئے (ایسی جدید تعلیم یافتہ عورتوں کا حال یہ ہوتا ہے کہ شوہروں کی نہیں بن پاتیں کہ مرد عورتوں سے خدمت لیں، روز خلع وطلاق کا بازار گرم رہتا ہے اور عورتیں ہر دن عدالت پر کھڑی رہتی ہیں پھر چاہے خطا عورت ہی کی ہو مگر فیصلہ اکثر مرد کے خلاف ہوتا ہے، کیونکہ عام طور پر حکام عورتوں ہی کو مظلوم سمجھتے ہیں۔ (تبلیغ)

نصاب و نظام تعلیم کے ذریعہ گمراہی

نظام تعلیم اور نصاب میں تبدیلی کے ذریعہ قوم کے لڑکوں اور لڑکیوں میں تاریخ کے نام پر ہندو دیومالائی نظام کو ذھن میں کوٹ کوٹ کر بھرا جانے لگا ہے، جب بچہ شروع سے ہی مشرکانہ تعلیمات پڑھے گا تو، اس کے عقیدۂ توحید و رسالت کا کیا انجام ہوگا، ساتھ سوریہ نمسکار، سرسوتی وندنا، اور بھارت ماتا کی پوجا جیسے پروگرام کا اہتمام، گیتا کو بطور مقدس کتاب اسکولوں میں داخل نصاب کرنے کی صرف باتیں نہیں بلکہ اس کا کامیاب تجربہ کیا جانے لگا

اور اب عام مسلم بچے اسکول ٹائم کے بعد یہی شلوک گنگنانے لگے ہیں، تاریخ کو مسخ کر کے مسلم حکمرانوں کو غاصب وظالم ثابت کیا جانے لگا، اورنگ زیب، کو ملک دشمن جبکہ شیواجی جیسے باغیوں کو مہاپرُش بتلایا جارہا ہے، جب بچے ایسے ماحول میں پروان چڑھیں گے تو ان کے دین و ایمان پر کیا اثرات مرتب ہونگے؟

عصری تعلیم گاہوں میں مسلم بیٹیوں کے ایمان کا سودا

پہلے نوجوان لڑکوں کے غیر مسلم لڑکیوں کے ساتھ معاشقے تبدیلئ دین وملت کا سبب بنتے تھے؛ مگر اب بہ کثرت عصری تعلیم حاصل کرنے والی نوجوان مسلم لڑکیوں کے سلسلہ میں ارتداد کی خبریں مسلسل گشت کر رہی ہیں، معتبر اطلاعات کے مطابق کالجوں اور یونیورسٹیوں میں زیر تعلیم مسلم لڑکیوں کے درمیان ایسے طلباء تیار کر کے چھوڑے جارہے ہیں جو درحقیقت آر ایس ایس کے ایجنٹ ہیں، وہ اپنے جھوٹے عشق اور دام محبت میں الجھا کر دین سے برگشتہ کرنے کی سازش کررہے ہیں، کئی مقامات میں رونما ہونے والے واقعات نے ہر دردمند دل رکھنے والے مسلمان کو مکمل طور پر اندر سے جھنجھوڑ کر رکھ دیا ہے کہ دشمنان دین وملت کس طرح ملت کے خلاف مورچہ کھولے ہوئے ہیں۔ پٹنہ سے لیکر ہریدوار تک اور دہلی سے لیکر آسام تک ارتداد اور دین بیزاری کی خوفناک لہر چلائی جارہی ہے۔ اسی طرح ممبئی، دہلی، حیدرآباد اور بنگلور جیسے بڑے شہروں میں دفتروں کے اندر مردوں کے شانہ بشانہ کام کرنے والی مسلم لڑکیوں کے سلسلہ میں بھی ارتداد کے متعدد واقعات روز بروز سامنے آرہے ہیں جو وابستگان اسلام کے لیے لمحۂ فکریہ اور ہماری دینی حمیت کے لیے سوالیہ نشان ہیں۔

غیر مسلم کی ہمہ وقت صحبت ومعیت اختیار کر کے اپنے دین وایمان کو خطرہ میں ڈالنا کس قدر سنگین جرم ہے کہ ایسی بدکاری کی حالت میں دین وایمان کا سلامت رہ جانا بھی دشوار ہے، اسی حالت میں موت آجانے کی صورت میں آخرت میں جو انجام ہوگا، اس کے تصور سے

رونگٹے کھڑے ہو جاتے ہیں، ایک مسلمان بندی اپنے خالق و مالک کے روبروکس طرح کھڑی ہوگی اور اپنے اعمال و ایمان کا کیا جواب اس کے پاس ہوگا؟

حضرت محمدﷺ جن کے طفیل ہمیں دین و ایمان کی دولت ملی، انہوں نے ایک ایک امتی کے لیے کیسی کیسی دعائیں کیں، مسلمان بندی ان کو کیا منہ دکھائے گی، اپنے دین و ایمان کو غارت کرنے کا کیا جواز وہ پیش کرسکے گی؟(۱)

---

(۱) فکر و خبر، ازقلم: عبدالرشید طلحہ نعمانی۔

تعلیم و تربیت یافتہ خواتین کا تذکرہ

حضرت صفیہؓ کا عمل

حضور ﷺ کی پھوپھی حضرت صفیہ رضی اللہ عنہا اپنے بیٹے زبیر بن عوامؓ پر بچپن میں بغرضِ تربیت سختی کرتیں اور تادیباً مارتی بھی تھیں، جیسا کہ علامہ ابن حجرؒ وغیرہ نے ذکر کیا ہے۔(۱)

حسن بصری رحمۃ اللہ علیہ کے زمانہ کا سبق آموز واقعہ

حضرت حسن بصریؒ سے مروی ایک قصہ دلچسپی سے خالی نہیں ہوگا کہ ایک مرتبہ میاں بیوی کے درمیان اپنے بچے کی پرورش سے متعلق اختلاف ہوا، وہ دونوں قاضی کے پاس گئے، چونکہ بچہ سمجھدار تھا، لہٰذا قاضی نے بچے کو اختیار دیا اور پوچھا کہ وہ کس کے پاس جا کر رہنا چاہے گا؟ بچے نے اپنے والد کو چُنا۔ اس پر ماں نے قاضی سے کہا کہ بچے سے یہ پوچھیے کہ اس نے والد کو کیوں چنا ہے؟ قاضی نے بچے سے سوال کیا تو اس نے کہا: ''میری ماں مجھے روزانہ تعلیم و کتابت سیکھنے کے لیے فقیہ کے پاس بھیجتی ہے، اور فقیہ غلطی پر مجھے مارتا ہے، جبکہ میرا والد مجھے دوسرے بچوں کے ساتھ کھیلنے کے لیے چھوڑ دیتا ہے۔'' "أمي تبعثني كل يوم للكتاب، والفقيه يضربني، وأبي يتركني للعب مع الصبيان۔" بچے کا یہ جواب سن کر قاضی نے ماں کے حق میں فیصلہ کر دیا اور کہا کہ تم ہی اس کی زیادہ حقدار ہو۔(۲)

امام اوزاعیؒ کی تعلیم و تربیت میں ان کی والدہ کا کردار

حضراتِ محدثین میں سے چوٹی کے محدث امام اوزاعی عبد الرحمٰن بن عمروؒ سے حدیث کا کوئی طالب علم ناآشنا نہیں ہوگا، سفیان ثوریؒ جیسے عظیم محدث بھی ان کے اونٹ کی

---

(۱) الاصابۃ فی تمییز الصحابۃؓ لابن حجر: ۲/۴۵۸، الناشر: دار الکتب العلمیۃ - بیروت، ط ۱۴۱۵ھ

(۲) زاد المعاد فی ہدی خیر العباد لابن القیم: ۵/۴۲۴، الناشر: مؤسسۃ الرسالۃ — بیروت، ط ۱۴۱۵ھ — ۱۹۹۴ء

نکیل پکڑ کر چلے ہیں۔(۱)

ان کے بچپن میں ہی والد کا سایہ سر سے اُٹھ گیا تھا، چنانچہ ان کی والدہ نے ان کی پرورش کی۔ وہ ان کو لے کر مختلف شہروں کی طرف ہجرت کا سفر کرتی تھیں، تاکہ ان کا بیٹا علم حاصل کر سکے، مشہور محدث ولید بن مزید امام اوزاعیؒ کی حالت پر تعجب کیا کرتے اور فرماتے تھے: ''امام اوزاعیؒ یتیم، غریب اور ایسی عورت کے زیرِ کفالت تھے جو اُن کو ایک شہر سے دوسرے شہر لے کر جاتی تھی۔''کان الأوزاعي يتيما فقيرًا في حجر امرأة تنقلهٗ من بلد إلى بلد۔'' اور اپنے بیٹے سے کہتے تھے: اے میرے بیٹے! بادشاہ وسلاطین عاجز ہیں کہ اپنی ذات اور اولاد کو ایسا ادب سکھلائیں، جیسا امام اوزاعیؒ کا ادب تھا۔''یا بني! عجزت الملوك أن تؤدب أنفسها وأولادها أدبه في نفسه۔''(۲) اس طرح اسفار کی مشقت اور دیگر تکالیف برداشت کر کے اس بیوہ خاتون نے اپنے یتیم بیٹے کی ایسی تربیت کی کہ وہ آگے چل کر فخرِ محدثین بن گیا۔

امام شافعیؒ کی تعلیم وتربیت میں ان کی والدہ کا کردار

امام شافعی محمد بن ادریسؒ سے کون ناواقف ہوگا، ان کے علمی مقام کا اعتراف موافقین اور مخالفین سب کو ہے، لیکن یہ بات بہت کم لوگوں کو معلوم ہوگی کہ ان کی تعلیم وتربیت اور شخصیت سازی میں ان کی والدہ فاطمہ بنت عبداللہ کا کتنا بڑا کردار تھا، چنانچہ علامہ ابن منظورؒ نے ان کے بارے میں لکھا ہے: ان کی والدہ ہی انہیں یمن لائی تھیں اور ان کو ادب سکھلایا تھا۔''وهي التي حملت الشافعي إلى اليمن وأدبته۔''(۳)

---

(۱) شذرات الذهب في أخبار من ذهب لابن عماد الحنبلي ۲: ۲۵۷/، الناشر: دار ابن كثير- دمشق، ط:۱۴۰۶ھ-۱۹۸۶ء

(۲) تاریخ دمشق لابن عساکر: ۳۵/ ۱۵۷، الناشر: دار الفکر للطباعة والنشر، ط ۱۴۱۵ھ-۱۹۹۵ء

(۳) مختصر تاریخ دمشق لابن منظور: ۲۱/ ۳۵۸، الناشر: دار الفکر للطباعة والنشر- دمشق، ط ۱۴۰۲ھ-۱۹۸۴ء

امام شافعیؒ بہت چھوٹے تھے کہ ان کے والد کا انتقال ہوگیا، چنانچہ ان کی والدہ نے اکیلے ہی ان کی کفالت و پرورش کی اور تعلیم وتربیت کی طرف توجہ دی، اور پھر جب وہ کچھ بڑے ہوئے تو ان کی والدہ کو اندیشہ ہوا کہ اہلِ علم سے دور رہ کر کہیں ان کے بیٹے کو علمی نقصان نہ ہو، چنانچہ ان سے کہا: ''ألحق بأهلك فتكون مثلهم'' اپنے رشتہ داروں (قریش، جو اہل علم تھے) سے جا کر ملو، تا کہ تم بھی ان جیسے ہو جاؤ۔''(۱)

مالی حالات ان کے کافی کمزور تھے، یہاں تک کہ امام شافعیؒ کی والدہ کے پاس معلم کو دینے کے لیے بھی کچھ نہیں تھا، جیسا کہ امام شافعیؒ نے ذکر کیا ہے: میں اپنی والدہ کی پرورش میں یتیم تھا، اور ان کے پاس معلم کو دینے کے لیے کوئی چیز بھی نہیں تھی۔''كنت يتيما في حجر أمي، ولم يكن معها ما تعطي المعلم۔''

لیکن آفرین ہو اس ماں پر، اپنے بیٹے کے تعلیمی سفر کے اخراجات پورے کرنے کی خاطر اپنا گھر گروی رکھ دیا، چنانچہ امام شافعیؒ فرماتے ہیں: میری والدہ کے پاس مجھے دینے کے لیے کچھ نہیں تھا، جسے میں سفر پر لے جاتا، چنانچہ انہوں نے سولہ ۱۶ دینار پر اپنا گھر گروی رکھا، اور وہ رقم مجھے دے دی۔''ولم يكن عند أمي ما تعطيني أتحمل به، فرهنت دارها على ستة عشر ديناراً، ودفعتها إلي۔'' (مختصر تاریخ دمشق لابن منظور: ۲۱/ ۳۶۰) پھر دنیا نے دیکھا کہ اس تعلیم وتربیت کا نتیجہ ایک بہت بڑے فقیہ اور امام کی صورت میں نکلا، جس کی تعلیمات سے امت آج تک مستفید ہو رہی ہے۔

امام احمد بن حنبلؒ کی تعلیم وتربیت میں ان کی والدہ کا کردار

مشہور و معروف محدث وفقیہ امام احمد بن حنبلؒ کی تعلیم وتربیت میں بھی ان کی والدہ کا خصوصی کردار ہے۔ ان کے والد محمدؒ کا جوانی میں تقریباً تیس سال کی عمر میں انتقال

---

(۱) سیر أعلام النبلاء للذہبی ۱۰/ ۱۰، الناشر: مؤسسة الرسالة — بیروت، ط ۱۴۰۵ھ — ۱۹۸۵ء

ہو گیا تھا، چنانچہ ان کی والدہ صفیہ نے ہی ان کی پرورش اور تعلیم و تربیت کی طرف دھیان دیا۔(۱)

امام احمد بن حنبلؒ نے تعلیم کی غرض سے محدثین کے پاس جانا شروع کیا تو وہ صبح سویرے اٹھتے تھے تو ان کی والدہ بھی ان کے لیے جاگ جاتی تھیں۔ اور بسا اوقات وہ رات کے آخری پہر میں اٹھ کر درس کے لیے جانا چاہتے تو اس وقت بھی ان کی والدہ بیدار ہو جاتیں، اور اپنی مامتا سے مجبور ہو کر بیٹے کو صبح ہونے تک روکتی تھیں، چنانچہ امام احمدؒ فرماتے ہیں: بسا اوقات میں طلبِ حدیث کے لیے جلدی جانا چاہتا تو میری والدہ میرے کپڑے پکڑ کر کہتیں: (تھوڑی دیر ٹھہرو) یہاں تک کہ لوگ اذان دے دیں، یا صبح کا اجالا ہو جائے۔

"کنت ربما أردت البکور إلی الحدیث، فتأخذ أمي ثیابي
وتقول: حتی یؤذن الناس، وحتی یصبحوا۔"(۲)

امام احمد بن حنبلؒ کی والدہ نے دو موتی سنبھال کر رکھے تھے، چنانچہ جب امام صاحبؒ بڑے ہوئے، اور تعلیم کے سلسلے میں اخراجات کی ضرورت ہوئی تو انہوں نے وہ دونوں موتی اپنے بیٹے کے سپرد کر دیئے، جنہیں امام احمدؒ نے تقریباً تیس دراہم کے عوض فروخت کیا۔(۳)

امام احمد بن حنبلؒ کی والدہ ذی شعور تھیں، انہیں معلوم تھا کہ طلب علم کے لیے پُر خطر اور بڑے بڑے اسفار کرنے پڑتے ہیں، لیکن بہتر یہی ہے کہ طالبِ علم پہلے اپنے نزدیک اور قرب و جوار میں موجود مشائخ واساتذہ سے علم حاصل کرے، چنانچہ وہ بھی اپنے بیٹے کو پُر خطر سفر کرنے سے روکتی تھیں، اور امام احمدؒ بھی ان کی بات تسلیم فرماتے تھے۔

---

(۱) سیر أعلام النبلاء للذہبی: ۱۱/۱۷۹

(۲) الجامع لأخلاق الراوی وآداب السامع للخطیب: ۱/۱۵۱، الناشر: مکتبۃ المعارف، الریاض)

(۳) سیر أعلام النبلاء للذہبی: ۱۱/۱۷۹

چنانچہ ایک مرتبہ مشہور محدث جریر بن عبد الحمیدؒ بغداد آئے تو امام احمدؒ سمیت دیگر طلبہ نے بھی ان سے استفادہ کیا، پھر جب وہ محدث دریائے دجلہ کی طغیانی سے بننے والی ایک بڑی نہر عبور کر کے شہر کے مشرقی جانب گئے تو بعض حضرات نے امام احمدؒ سے وہاں جانے کے بارے میں پوچھا تو انہوں نے یہ کہہ کر انکار کر دیا کہ: ''أمي لا تدعني''(۱)

یعنی ''میری والدہ مجھے اجازت نہیں دے گی۔'' امام احمد بن حنبلؒ کی والدہ کی اس بہترین تربیت اور شعور و فراست کی وجہ سے امام احمدؒ نے آگے چل کر جو بلند مقام حاصل کیا، وہ کسی سے مخفی نہیں ہوگا۔

علامہ ابن ہمامؒ کی تعلیم وتربیت میں ان کی نانی کا کردار

علامہ ابن ہمام محمد بن عبد الواحدؒ ایک مضبوط استعداد والے فقیہ اور محدث تھے، بڑے بڑے حضرات نے ان کے تبحرِ علمی کی گواہی دی ہے، اور ان کی کتاب ''فتح القدیر'' اس پر شاہدِ عدل ہے، علامہ ابن ہمامؒ کی تعلیم وتربیت میں ان کی نانی کا بہت بڑا کردار رہا ہے، اور وہ خود بھی ایک نیک خاتون تھیں۔ قرآن پاک کا بڑا حصہ انہیں یاد تھا۔

چنانچہ علامہ ابن ہمامؒ اپنے والد کے انتقال کے بعد اپنی نانی کے زیرِ کفالت وتربیت رہے، ان کی نانی انہیں اپنے ساتھ اسکندریہ سے قاہرہ لے آئیں، تاکہ وہ اچھی طرح علم حاصل کر سکیں، چنانچہ یہاں آ کر علامہ ابن ہمامؒ طلب علم میں مشغول ہوئے اور قرآن پاک حفظ کیا اور ابتدائی تعلیم حاصل کی۔ پھر دوبارہ ان کی نانی انہیں اسکندریہ لے آئیں، جہاں انہوں نے مزید تعلیم حاصل کی، اور بڑے مشائخ واساتذہ کے سامنے زانوئے تلمذ تہ کیے۔ (۲) اس عمر رسیدہ خاتون کو تو بعد میں آنے والوں نے بھلا دیا۔ کم ہی لوگوں کو معلوم ہوگا کہ وقت کے بڑے محدث وفقیہ ابن ہمام کی شخصیت سازی اور تربیت میں ان کی عمر رسیدہ نانی کا

---

(۱) تاریخ بغداد للخطیب: ۷/ ۲۶۶، الناشر: دار الکتب العلمیۃ - بیروت، ط ۱۴۱۷ھ

(۲) الضوء اللامع لأهل القرن التاسع للسخاوي ۸/ ۱۲۷، الناشر: دار الجيل، بيروت

بڑا کردار ہے۔

خلاصہ یہ ہے کہ کئی مشہور فقہاء ومحدثین اور دیگر اکابرین امت کی تعلیم وتربیت میں خواتین کا اہم اور نمایاں کردار رہا ہے، وہ خود گمنام رہیں، لیکن انہوں نے امت کے لیے کئی رہنما وپیشوا تیار کیے، جنھوں نے مسلمانوں کے لیے دینی، علمی، سماجی اور ملّی خدمات انجام دیں، لہٰذا دورِ حاضر میں ایسی رجال ساز خواتین کا تذکرہ لوگوں کے سامنے پیش کرنا وقت کا اہم تقاضا ہے، تاکہ عہدِ حاضر کی مسلمان عفت مآب خواتین بھی ان کی پیروی کرکے ایک فرد کے بجائے رجالِ کار تیار کریں۔(۱)

حضرت مفتی شفیع صاحب کی والدہ

حضرت مفتی شفیع صاحب کی والدہ محترمہ سادات میں سے تھیں، اور غالباً وہ حضرت گنگوہی سے بیعت تھیں، بیوہ ہوجانے کے بعد تاحیات اپنے سعادت مند بیٹے کے ساتھ رہیں، لکھنا پڑھنا نہ جانتی تھیں، مگر نماز روزہ اور عبادات کا بڑا اہتمام فرماتی تھیں، ضروری کاموں سے فراغت کے بعد بیشتر وقت ذکر اور نمازیں یا نماز کے انتظار میں گزرتا تھا، سامنے گھڑی رکھی رہتی اور بار باران کی نظریں اسی طرف اٹھتی تھیں، جب بینائی بہت کمزور ہوگئی تو ہم میں سے جو سامنے سے گزرتا اس سے پوچھتیں رہتی" بیٹے! کیا بجا ہے؟ اذان میں کتنی دیر ہے؟" کثرت ذکر کی وجہ سے آخر حیات میں یہ حال ہوگیا تھا کہ باتیں کررہی ہوں یا خاموش لیٹی ہوں، ہر سانس کے ساتھ اندر سے خودبخود "اللہ اللہ" کی آواز آتی رہتی تھی، جس کا احساس انہیں ہو یا نہ ہو مگر ہم سب اہل خانہ ہمیشہ اس کا مشاہدہ کرتے تھے۔(۲)

بعض مرتبہ ماں تعلیم یافتہ نہیں ہوتی ہے؛ مگر خاندانی تربیت یافتہ ہوتی ہے، جس کے نتیجہ بچوں کی بہترین تربیت ہوتی ہے۔

(۱) ماخوذ: ماہنامہ بینات، رجب المرجب ۱۴۴۴ھ- فروری 2023ء

(۲) البلاغ مفتی اعظم نمبر: ۱/ ۸۷

لڑکیوں کو دینی تعلیم نہ ہونے کے نقصات

مسلم خواتین کی دینی معلومات سے دوری کا عالم

① خواتین کو قرآن و حدیث کے مطالعہ کی فرصت نہیں؛ سیرتِ رسول ﷺ کی موٹی موٹی باتیں معلوم نہیں، طہارت وعبادت بالخصوص نماز کے مسائل سے تشویش ناک حد تک ناواقفیت، حقوقِ والدین، حقوقِ زوج اور دیگر چھوٹے بڑے افرادِ خانہ کے حقوق سے غفلت، مضبوط دینی تعلیمات سے لاعلمی نے ساس بہو کے جھگڑے پیدا کر دیے، طلاق کی شرح میں اضافہ کر دیا، بڑے بوڑھوں کی خدمت کو کارِ ثواب کے بجائے کارِ زحمت بنا دیا، امورِ خانہ داری انجام دینے کے بجائے، آفس، ہوٹلوں اور ہسپتالوں میں (Reception) رسپشن کی زینت بنا دیا، پڑوسیوں کے حقوق کی ادائیگی کے بدلے، لڑائی جھگڑے کے طور طریقے سکھلا دیے، زندگی کے ہر موڑ پر اسلامی روح تڑپتی نظر آتی ہے دینی تعلیمات کا زندگی میں نہ ہونے کی وجہ سے ہے۔

جاہل عورتوں کو نہ کفر وشرک کی کچھ تمیز ہے، نہ دین و ایمان سے کچھ واقفیت، اللہ اور رسول کے مرتبہ و مقام سے ناواقف بعض اوقات شانِ خداوندی میں بڑی گستاخی و بے ادبی سے گلے شکوے کرتی رہتی ہیں۔ شانِ پیغمبری میں بڑی بے باکی سے زبان طعن دراز کرتی ہیں، احکامِ شرعیہ کی حکمت اور افادیت سے واقف نہ ہونے کی بنا پر اُلٹی سیدھی باتیں کرتی ہیں، اس کے برعکس ہر طرح کے فیشن، بے حجابی و عریانی اور فضول رسم و رواج کے پیچھے بھاگتی ہیں، اولاد و شوہر کے بارے میں طرح طرح کے منتر جھاڑ پھونک اور کالے علم میں ملوث ہوتی رہتی ہیں، شوہروں کی کمائی اسی طرح کے غلط اور باطل کاموں میں ضائع کر دیتی ہیں، شوہر سے ان کی بنتی ہے نہ سسرالی رشتہ داروں سے، انہیں اپنے بہن بھائیوں، رشتہ داروں اور ہمسایوں کے حق حقوق کی ذرا خبر نہیں ہوتی، اس کے برعکس لڑائی جھگڑا اور گالی گلوچ، زبان درازی ولعن طعن کر کے سب سے بگاڑ کر خوش رہتی ہیں، زیور، کپڑے کے ناجائز مطالبوں سے ہر وقت شوہر کا ناک میں دم کیے رکھتی ہیں، بالآخر اس کو حرام کمائی میں

ملوث کر کے چھوڑتی ہیں، وقت کی بھی ان کو قدر نہیں ہوتی، فضول باتوں میں، لعن طعن میں، غیبت اور گالم گلوچ میں سارا وقت برباد کر دیتی ہیں۔

شوہر، بچے، گھر، اللہ کی دی ہوئی نعمتیں، کسی بھی بات کا ان کو احساس نہیں ہوتا۔ ان کی زندگی قرآن پاک کے الفاظ ہیں خَسِرَ الدُّنیَا وَالآخِرَۃِ کا مصداق ہوتی ہے، یعنی ان کی دنیا بھی برباد اور آخرت بھی تباہ ہوگئی، اس طرح کی خواتین یقینا معاشرے کی تباہی و بربادی کا ہراول دستہ ثابت ہوتی ہیں کہ اپنی گودوں میں پلنے والی اولاد کی تربیت ہی نہ کر سکیں، جیسی گنوار خود تھیں، ان کی اولاد یعنی نسل نو بھی اسی طرح گمراہ، جاہل اور گنوار ثابت ہوئی، اس طرح وہ قوم کو جرائم کی دلدل میں پھنساتی چلی جاتی ہیں۔

اس کے برعکس علم دین رکھنے والی خاتون صحیح اور غلط، حق اور باطل، جائز اور ناجائز کی حدود کو جانتی اور پہچانتی ہے اور وہ اپنی زندگی کے پیش آمدہ مسائل کو خوش اُسلوبی سے نمٹا لیتی ہے۔ یہ علم دین اس کو شائستہ اور مہذب بناتا ہے۔ وہ اپنے بچوں کی بھی صالح تربیت کر کے صالح معاشرہ تعمیر کرنے کا باعث ثابت ہوتی ہے۔

دیہاتی خواتین کے ناگفتہ بہ حالات

② دیہاتوں میں رہنے والے مسلمان عورتیں بنیادی عقائد، اور مبادیات سے بھی ناواقف ہوتی ہیں، ہندوانہ ماحول کی وجہ سے اپنی تہذیب اور شناخت کھو چکی ہیں، غیروں کے مذہبی تہوار میں شرکت رواداری و ہمدردی شمار ہوتی ہے، مسجد کے ساتھ مندر جانا عام بات ہے، گھر میں کعبۃ اللہ اور ہنومان، رام وغیرہ کی تصویر بھی برابر ہوتی ہے، ناموں میں بھی فرق نہیں کیا جا سکتا، مزید برآں باطل تحریکات بالخصوص عیسائیت و قادیانیت کی مسلسل محنتیں کریلا نیم چڑھا کا مصداق ہے، دنیا گلوبل ویلیج بن چکی ہے تو پاکستانی فتنہ بھی ہند کے گاوں دیہات میں بھی پایا جانا آسان ہوگیا، ہر دن شہر، ضلع اور دیہات میں نت نئے فتنے حنیفیت، مہدویت، فیاضیت، دین دار انجمن، گوہر شاہی وغیرہ مسلمانوں کے

ایمان کو غارت کرنے میں لگے ہیں۔

☆ دیہی خواتین شوہر کے ساتھ کام کرنے کھیت کھلیان چلی جاتی ہیں، کبھی علیحدہ کام پر لگی رہتی ہیں، اولاد کی تربیت کے اصول، پردے کی پابندی، نماز کا اہتمام، تعلقات میں احتیاط، آپسی تنازعات، چھوٹی باتوں پر گلی اور سڑک پر جھگڑے۔

☆ روز بروز دیہاتوں کی دینی حالت نہایت ابتر و پستی کا شکار ہوتی جارہی ہے، دینی کمزوری کا احساس اور شعور تک لوگوں میں مفقود ہو چکا ہے، کئی جگہ دیہاتوں میں مسلمانوں کے گھروں میں سیتا رام، گنیش، ہنومان وغیرہ کے بت رکھے ہوئے ہیں، اور بعض جگہ کی مسلمان عورتیں مندروں اور بت خانوں میں اپنی حاجات وضروریات کا حل تلاش کرنے کے لیے جارہی ہیں، وہ ان بتوں کے ساتھ وہی معاملہ کررہی ہیں جو ہندو قوم کرتی ہیں، ان کو حاجت روا سمجھ کر ان سے مانگ رہی ہیں، ان کی خوشنودی پانے کی غرض سے منتیں مانگ کر چڑھاوے چڑھارہی ہیں، شرکیہ تعویذ گنڈوں میں پھنسی ہوئی ہیں، پنڈتوں اور پجاریوں سے شرکیہ تعویذ گنڈے اور کالے اور زرد رنگ کے دھاگے لے کر اپنے گلے اور ہاتھوں پیروں میں باندھ رہی ہیں، بتوں کی تصویروں والے لاکٹ گلے میں پہن رہی ہیں اور اپنی اولاد کو شرکیہ امور میں مبتلاء کر رہی ہیں، مصیبتوں سے نکلنے کی امید پر شرک جیسی مصیبت میں مبتلاء ہورہی ہیں۔

☆ دین کا علم نہ ہونے کی وجہ سے نہ خوفِ الہی، نہ اطاعتِ رسول ﷺ نہ پاکی صفائی کا اہتمام اور نہ نماز کی پابندی، قرآن شریف پڑھنا تو دور کلمہ طیبہ بھی نہیں جانتیں۔

☆ معاشرتی مسائل سے ناواقفیت کی وجہ سے ہر آئے دن جھگڑوں کا بازار گرم رہتا ہے، گھر کے افراد ہی ایک دوسرے کے دشمن و بدخواہ بنے رہتے ہیں۔

☆ رسم ورواج کی پابندی شریعت کی پابندی سے زیادہ، خواہی نخواہی رسم کو دین کا نام دے کر انجام دینا خواہ قرضدار ہونا پڑے، ناک بچانے کی خاطر گلے کٹوانے تیار ہوجاتی ہیں مسنون نکاح کو عیب سمجھنا، شادی بیاہ کے رسومات کے بوجھ کو بخوشی گوارا کرلینا، باہمی لڑائیاں

شکوے شکایتیں، گھریلو ناچاقیاں، شوہر کی ناشکری، اسراف وفضول خرچی، ریاء ونمود، بدفالی اور نحوست کا تصور، بے پردگی، بلاضرورت قرض لینا، کفار سے مشابہت، مہر کی گرانی، جہیز کے مطالبات کتنے والدین کا جینا دوبھر کردیا ہے، کمال، وجمال، حسب ومنال کے باوجود کتنے گھر اجڑ گئے، کتنی لڑکیاں کنواری بن بیاہی جی رہی ہیں، اور کتنے جسم فروش بن گئے۔

☆ حضرت تھانوی رحمت اللہ علیہ فرماتے ہیں کہ" پرانی بوڑھیاں رسموں کے معاملے میں گو یا شیطان کی خالہ ہوتی ہیں" لہٰذا اگر عورت کو اسلامی معاشرات کی تعلیم دی جائے تو عورتیں غیر اسلامی رسم ورواج، تہذیب اور فیشن کے نام پر نقالی کی لعنت سے بچ جائیں گی۔

☆ معاملات کے مسئلہ میں دیندار لوگ بھی بے دین نظر آتے ہیں، سارے دینداروں کی دینداری نکاح وتقسیم جائداد پر ختم ہوجاتی ہے، ؛ نکاح، طلاق، خلع، حضانت، حقوق متعلقہ، خرید وفروخت، باہمی ازدواجی زندگی، میکہ اور سسرالی حقوق کی پامالی۔

☆ صبر، شکر، نرمی، عفوودرگزر، ضرورت مندوں کا خیال، عیب کی پردہ پوشی، رشتہ نبھانا، شوہر کی اطاعت، حسن سلوک، بچوں کی تعلیم وتربیت، رشتہ داروں کے حقوق، باہمی لڑائیاں، جھگڑے، حسد اور ریاکاری ظلم وزیادتی وغیرہ اور اخلاقی خرابیوں کی اصلاح ہوجائے گی، دینی تعلیم کے ذریعہ عقائد، عبادات، معاملات، اخلاقیات، معاشرت، درست ہوجائیں گے۔

مسلمان لڑکیوں کے ارتداد کا حال

(٣) جن حالات سے ہم اور ہماری نوجوان بیٹیاں گزر رہی ہیں افسوس کے تاریخ کا وہ بدترین اور سیہ ترین باب ہے، اسلام دشمن طاقتوں نے جہاں ہر طرف سے اسلام اور مسلمانوں کو دہشت گرد کہہ کر دہشت زدہ کر رکھا ہے، وہیں ایک تازہ محاذ نیا ہتھیار" محبت کی جنگ" کا کھول رکھا ہے، جس میں وہ اپنے بے حیا اور عیاش نوجوانوں کے ذریعہ ہماری بیٹیوں کا پیار کا اغواء کو انجام دے رہے ہیں۔

یہ خیال نہ کریں یہ صرف ان گھرانوں کا حال ہے جن میں پہلے ہی سے بے دینی عام

ہوگی، بڑے بوڑھے تک نماز روزہ سے اور مذہب سے بیزار ہوں گے، اللہ اور رسول سے محض نام کی حد تک تعلق ہوگا اور بقیہ پورے دین سے نا آشنائی ہوگی، یہ بالکل غلط خیال ہے ، جو لوگ حالات سے واقف ہیں وہ جانتے ہیں کہ ان لڑکیوں میں سے بعض کا ان مسلم گھرانوں سے تعلق ہے جو بڑے دین دار شمار ہوتے ہیں، گھر کے بوڑھے تو بوڑھے نوجوان تک دین دار، داڑھی، نماز باجماعت کا اہتمام کرنے والے ہیں؛ بلکہ بعض واقعات تو ایسے گھرانوں سے متعلق ہیں کہ جو دن رات اللہ رسول کے تذکروں سے معمور رہتے تھے، جن کے متعلق ہم سوچ بھی نہیں سکتے کہ اس قدر غفلت اور لاپروائی! میں گھر والے اپنی اولاد کی طرف سے برتتے ہوں گے۔

مسلم لڑکیوں کی بے دینی کا حال

④ امت مسلمہ کی نوجوان لڑکیاں اس وقت دین بیزاری کا جس تیزی کے ساتھ شکار ہورہی ہے اسے دیکھ کر بس یہی کہا جاسکتا ہے کہ اس نے اپنی تباہی کے سارے سامان اکٹھے کرلیے ہیں، بے حیائی اور فحاشی کا جادو سر چڑھ کر بول رہا ہے، سیلفون کا آزادانہ استعمال، شرم وحیا کی ساری حدوں کو توڑ رہا ہے، حتی کہ کمسن بچوں تک فحاشی کے سیلاب میں بہتے چلے جارہے ہیں، چھوٹے چھوٹے بچے سیلفون کے عادی ہوچکے ہیں، جوان لڑکے اور لڑکیاں رات رات بھر اپنے موبائل پر دنیا بھر کی غلاظتوں میں غوطہ زن رہتے ہیں، سیلفون کا فتنہ کالجوں میں زیر تعلیم مسلمان بچیوں کی نہ صرف چادرِ عصمت کو تار تار کررہا ہے بلکہ انہیں دین وایمان کی متاعِ عزیز سے بھی محروم کررہا ہے، تعلیم یافتہ مسلم لڑکیوں کے غیر مسلم نوجوانوں کے ساتھ شادی رچانے کے واقعات تھمنے کا نام نہیں لے رہے ہیں، شاید ہی کوئی مہینہ ایسا گزرتا ہو جس میں کسی نہ کسی مسلم لڑکی کے اپنے غیر مسلم دوست کے ساتھ فرار ہونے کا سانحہ نہ پیش آتا ہو۔

مسلم لڑکیوں کی وضع قطع کا حال

(۳) وضع قطع اور لباس و پوشاک کے حوالہ سے ہماری مسلم لڑکیاں ساری حدوں کو پار کرتی جا رہی ہیں، اسلامی وضع قطع سے بیزاری اور دشمنان اسلام کی نقالی فیشن کی شکل اختیار کرتی جا رہی ہے، جب کہ اسلام ایک مستقل دین اور مکمل تہذیب ہے، اس کا اپنا طرز معاشرت اور لباس و وضع قطع کا اپنا نظام ہے، جو سب سے پاکیزہ اور فطرت انسانی سے ہم آہنگ ہے، اسلام کسی مسلمان کو اس کی اجازت نہیں دیتا کہ وہ وضع قطع میں دیگر شیطانی تہذیبوں کی نقالی کرے، خواتین اور لڑکیاں بھی بطور فیشن اپنے بال کٹوایا چھوٹے کروا رہی ہیں، خواہ سامنے سے ہو یا دائیں بائیں یا پیچھے کی جانب سے، جب کہ کچھ لڑکیاں اپنے بالوں کو کم کر کے لڑکوں سے مشابہت کی کوشش کر رہے ہیں، رسول اللہ صلی اللہ علیہ وآلہ وسلم نے لباس اور وضع قطع میں مردوں کو عورتوں سے اور عورتوں کو مردوں کی مشابہت اختیار کرنے سے منع فرمایا ہے، ارشاد نبوی ہے : عبد اللہ بن عباس رضی اللہ عنہما سے روایت ہے، وہ کہتے ہیں : اللہ کے نبی صلی اللہ علیہ وآلہ وسلم نے عورتوں کی مشابہت اختیار کرنے والے مردوں اور مردوں کی مشابہت اختیار کرنے والی عورتوں پر لعنت کی ہے اور فرمایا ہے : انھیں (نبی صلی اللہ علیہ وآلہ وسلم نے ان کے شر سے لوگوں کو بچانے اور گھروں کی پاکیزگی اور عفت کے تحفظ کے لیے انھیں گھروں اور شہروں سے نکال باہر کرنے کا حکم دیا ہے کہ) اپنے گھروں سے نکال دو۔ وہ کہتے ہیں : چنانچہ نبی صلی اللہ علیہ وآلہ وسلم نے فلاں کو اور عمر رضی اللہ عنہ۔ نے فلاں کو نکال دیا۔

”لَعَنَ النَّبِيُّ ﷺ المخَنَّثِينَ من الرجال، والمتَرَجِّلاتِ من النساء، وقال:أخرجوهم من بيوتكم، قال :فَأَخْرَجَ النَّبِيُّ ﷺ فلانًا، وأَخْرَجَ عُمَرُ فلانًا“(١)

(۱) صحیح بخاری، حدیث:۲۹۹۴)

مسلم لڑکیوں کی تہذیب کا حال

⑤ کالج میں زیرِ تعلیم مسلمان بچیاں بری طرح سے تہذیبی ارتداد کا شکار ہو رہی ہیں اور اسلامی تہذیب سے کنارہ کش ہو کر مغربی طور وطریقوں کو گلے لگا رہی ہیں، گھروں سے برقعہ پہن کر نکلا جاتا ہے جب کہ برقعہ کے اندر جنس، پینٹ اور ٹی شرٹ ہوتا ہے، کالج پہونچ کر برقعہ لپیٹ دیا جاتا ہے، بلکہ لڑکیاں جینس، ٹی شرٹ میں ملبوس مکمل لڑکوں والا حلیہ بنائے خود پر فخر محسوس کرتی ہیں، اور اسلامی لباس والی لڑکیوں کو چھیڑانے لگتی ہیں، ظاہر ہے کہ لباس آدمی پر اپنا اثر چھوڑتا ہے، کالج کے مخلوط ماحول میں مسلم لڑکیوں کا یہ طرزِ عمل انھیں تباہی کے دہانے پر پہونچا رہا ہے، بہت سی بچیاں اپنی بھوؤں کو خوبصورت بنانے کے لیے آئی بروں کے ذریعہ آس پاس کے بال تراش کر بھوؤں کو کمان کی طرح بارک کرتی ہیں، ابرو نوچ یا تراش کر باریک سی لکیر بنالینا یا دونوں بھوؤں کے درمیان فاصلہ پیدا کرنا خلقت خداوندی میں تبدیلی پیدا کرنا ہے جو شرعا درست نہیں، بہت سی لڑکیوں میں وِگ یعنی مصنوعی بالوں کی ٹوپی لگانے کا بھی رواج بڑھ رہا ہے، اس طرح کی ٹوپیاں بعض عارضی ہوتی ہیں اور بعض دائمی، حدیث شریف کی رو سے دونوں ممنوع ہیں، حضرت اسماء بنت ابو بکرؓ سے روایت ہے کہ رسول اللہ صلی اللہ علیہ وآلہ وسلم نے بال جوڑنے اور جڑوانے والی عورتوں پر لعنت فرمائی ہے۔

"لعن الواشمات والمستوشمات، والمتنمصات، مبتغيات للحسن مغيرات خلق الله، قال :هذا حديث حسن صحيح"(۱)

مسلم لڑکیوں میں فیشن پرستی کا رجحان

⑥ لڑکیوں کو لڑکے کے شانہ بشانہ ترقی کرنے کی خواہش بے قرار رکھتی ہے، وہ ہر کام

(۱) صحیح بخاری، حدیث: ۴۸۸۸

میں مردوں کی نقالی کرتی ہیں اور آہستہ آہستہ اپنی نسوانیت کھوتی جارہی ہیں، اب تو اس فیشن کی وجہ سے یہ فیصلہ کرنا مشکل ہوگیا ہے کہ یہ لڑکا ہے یا لڑکی۔

آرائش وزیبائش کی جدید ترین مصنوعات کو سرمایہ داروں نے اس قدر فروغ دیا کہ اب وہ گھر کے بجٹ کا لازمی جزو بن گیا۔ اس سے عورتوں کی دلنوازی اور کشش غیر فطری حد تک بڑھی اور سوسائٹی میں ایک عورت کو دوسری سے زیادہ پرکشش بننے کا شوق ہوا جس نے مردوں کے جذبات میں اس قدر ہیجان برپا کیا کہ انھوں نے اپنے لذت کی حصولیابی کے لئے عورتوں کو ہوٹلوں، کلبوں، رقص گاہوں اورفن کے نام پر ممتاز جگہ دی اوران سارے حجابات کو اٹھا کر رکھ دیا جوعورت اور مرد کے درمیان پاکیزگی، احترام اور تقدس کا درجہ رکھتے تھے۔

اسلام نے طرز زندگی اپنانے میں جو حدود و قیود مقرر کی ہیں ایک مسلمان ان حدود کے اندر رہتے ہوئے اپنی زندگی سنوار سکتا ہے۔ جبکہ فیشن حدود و قیود سے آزاد ہوتا ہے۔ پہلے جن چیزوں کو لوگ اپنانے سے ہچکچاتے تھے، فیشن کے نام پر ان کو بلا تکلف اختیار کرلیا جاتا ہے۔ اگر فیشن پرستی کی پٹی آنکھوں سے اتار کر دیکھیں تو واضح ہوجائے گا کہ اس فیشن کا مقصد یہی ہے کہ لوگوں کے اندر سے شرم وحیا کو ختم کر کے بے حیائی کو فروغ دیا جائے۔ بقول اقبال۔

وہ حیا جو کل تلک تھی مشرقی چہرے کا نور لے اُڑی اس نکہتِ گل کا یہ تہذیب فرنگ

آج کی نسل پر مغربی تہذیب کا غلبہ اس قدر ہے کہ خاندانی نظام کے ساتھ وہ سارے رشتے بھی بے معنی ہوگئے ہیں جن رشتوں کے سہارے ہمیں اپنے دکھ سکھ میں بہترین رفیق مل جاتے ہیں جو بے ضرر، غمخوار اور بے غرض دوست ہوتے ہیں، خاندانی نظام کے ختم ہوتے ہی ان رشتوں کی رفاقت ومحبت سے انسان محروم ہوجاتا ہے۔

مسلم لڑکیوں میں ٹیٹو بنوانے کا رواج

⑦ جسم پر ٹیٹو بنوانے کا رواج بھی مسلم لڑکوں اور لڑکیوں میں خوب عام ہو رہا ہے، کوئی جسم پر پھول وغیرہ کا ڈیزائن بنواتا ہے تو کوئی جاندار کی تصویر بناتا ہے، گال اور ہونٹ پر

مصنوعی تل بنانے کا رواج بھی ہمارے نوجوانوں میں خوب عام ہو رہا ہے، آرٹیفیشل (artificial) میل داغ دے کر تل بنائے جاتے ہیں یا سوئی سے سوراخ کر کے سرمہ یا نیل وغیرہ بھر دیا جاتا ہے، یہ سب تغیر خلق اللہ ہے اور ممنوع ہے، حضرت عبد اللہ ابن مسعودؓ سے مروی ہے کہ گودنے والیوں اور گدوانے والیوں، بالوں کو نوچنے والیوں اور نچوانے والیوں اور خوبصورتی کے لیے دانتوں کو کشادہ کرنے والیوں اور اللہ کی خلقت میں تبدیلی کرنے والیوں پر اللہ کی لعنت ہے۔

"أَنَّ النَّبِيَّ ﷺ لَعَنَ الوَاشِماتِ وَالمستَوشِماتِ وَالمتَنَمِّصَاتِ مُبتَغِيَاتٍ لِلْحُسنِ مُغَيِّرَاتٍ خَلْقَ اللهِ" (۱)

مسلم لڑکیوں میں منشیات کا رواج

⑧ اس وقت ہائیڈروجن بم سے بھی زیادہ اگر کسی چیز کا خطرہ نوجوانوں پر منڈلا رہا ہے تو وہ منشیات اور نشلی اشیاء ہیں، تعلیمی اداروں میں منشیات کا استعمال اب ایک فیشن بنتا جا رہا ہے، منشیات کے عادی صرف نوجوان لڑکے ہی نہیں ہیں بلکہ عصری اداروں میں زیر تعلیم بچیوں کی بڑی تعداد بھی اس لت کا شکار ہے، چند ماہ قبل اخبارات نے حیدرآباد کے اُن اسکولوں کی نشاندہی کی تھی جہاں طلبہ کثرت سے منشیات کا استعمال کرتے ہیں، نوجوانوں میں تمباکو، چرس، گانجہ، افیوم، شراب اور جدید قسم کی منشیات عام ہیں، افسوس ہے کہ جن اداروں میں مستقبل کے معمار تیار ہوتے ہیں اور جہاں ملک کا روشن مستقبل پروان چڑھتا ہے، اب وہاں منشیات نے ڈیرے ڈال رکھے ہیں، اقوام متحدہ کے عالمی ادارے صحت کی رپورٹ کے مطابق دنیا بھر میں ۷ ۳ کروڑ سے زائد افراد اس وقت مختلف اقسام کی منشیات استعمال کر رہے ہیں اور ان کی تعداد میں روز بروز اضافہ ہو رہا ہے، عالمی ادارے صحت کے مطابق ہر سال ۴۰ لاکھ افراد

(۱) سنن ترمذی، حدیث ۲۷۸۲ :

منشیات کے استعمال کی وجہ سے اپنی جان سے ہاتھ دھو بیٹھتے ہیں، اس صورت حال کا افسوس ناک پہلو یہ ہے کہ یہ وبا تعلیمی اداروں کو تیزی کے ساتھ اپنی لپیٹ میں لیتی جارہی ہے، دہلی کے اسکولوں کے سروے کے مطابق دس سال سے لیکر ۱۴ سال کے تقریبا ۱۶ فیصد سے زائد بچے کسی نہ کسی نشے کا باضابطہ طور پر استعمال کرتے ہیں، تازہ ترین خبروں کے مطابق راجیہ سبھا میں سماجی انصاف کے وزیر نے یہ قبول کیا کہ نئی نسل میں نشہ کے استعمال کی بڑھتی ہوئی چلن سے سرکار فکرمند ہے، اور اس نے ملک کے ۱۹۵/ اضلاع میں دس سال کی عمر سے لیکر ۶۵ سال کی عمر کے لوگوں میں نشلی اشیاء کے استعمال کے سلسلے میں سروے کروانے کا فیصلہ کیا ہے، تاکہ اسے روکنے کے لیے سرکار کوئی معقول لائحہ عمل بنا سکے، ایک بین الاقوامی سروے کے مطابق پنجاب میں ۲۲ فیصد، ہریانہ میں ۱۶ فیصد اور دہلی میں ۲۴ فیصد نوجوان نشے کا شکار ہیں، نشے کی لت سے بچوں کی صحت اور تعلیم دونوں متاثر ہورہے ہیں، حیدرآباد اور اس جیسے بڑے شہروں میں حقہ پارلر کا سلسلہ بھی خوب پنپ رہا ہے، جس میں لڑکے اور لڑکیاں مخلوط ماحول میں بے حیائی کا خوب مظاہرہ کرتے ہیں۔

مسلم لڑکیوں میں ناچ گانے کا رواج

انگریزوں کو اپنی ڈیڑھ سو سالہ دور میں کبھی اتنی جرأت نہ ہوئی کہ اس ملک کے باشندوں کی معاشرت میں براہ راست دخل دے سکیں، کیونکہ وہ سمجھتے تھے کہ یہ ایک نہایت نازک مسئلہ ہے جو لوگوں کی غیرت وحمیت کو بھڑکا دینے والا ہے، اس لئے انھوں نے مسلم معاشرہ میں ہر جگہ مخلوط تعلیم میں اضافہ کیا، ہر جگہ رقص وسرور کی محفلیں کثرت سے منعقد کرائیں، اندرون ملک ثقافتی سرگرمیوں کے ذریعہ بے حیائی کو عام کیا، ہر ملک میں آرٹ کونسلوں کے نام سے ناچنے گانے کے ادارے قائم کئے گئے جن کے سرپرست سرکاری حکام تک بن گئے۔ اسلامی تعلیمات کے فروغ پر کچھ صرف کرنے کے بجائے بھاری رقوم آرٹ (ART) کونسلوں جیسے اسلامی تہذیب کے منافی اداروں پر کی جانے لگی، معصوم لڑکیوں اور

لڑکوں کو ہر جگہ ناچ گانے کی تعلیم دی جانے لگی اور موقع بے موقع ڈراموں کے ذریعہ لڑکوں اور لڑکیوں کو ایسے کاموں کی تعلیم و ترغیب دی جانے لگی جو حیا سوز بھی تھے اور اخلاق سوز بھی، انتہا یہ کہ جا بجا تعلیمی نصاب کو بھی اس طرح مرتب کیا گیا کہ اس میں ناچ گانے اور ثقافتی سرگرمیوں کی گنجائش رکھی گئی تا کہ اگر موقع مل جائے اور یہ قوم اگر ان سرگرمیوں کو برداشت کرلے تو پھر آہستہ آہستہ انھیں پوری طرح سے شرم وحیا اور اخلاق و آداب اور اسلامی جذبات و حسیات سے عاری کر دیا جائے، ان سرگرمیوں کے نتیجے میں مسلم معاشرے میں ہر جگہ غنڈہ گردی، بداخلاقی، فحش کاری اور طلاق کے واقعات بڑھ گئے اور محسوس ہونے لگا کہ مسلمانوں کے بڑے لوگوں نے حکومت کی قوت، دولت اور اثر و رسوخ کو جن کاموں پر صرف کیا تھا اب اس کے نتائج برآمد ہونے لگے ہیں۔ (۱)

عورتوں میں اسراف کا مرض

ہر عورت کو اپنے شوہر کی کمائی کا علم ہوتا ہے، الا ماشاء اللہ ہزار میں کسی ایک عورت کو علم نہیں ہوگا، مگر اسکے باوجود معاشی نظام تتر بتر ہوگیا، خواتین خواہشات کے لئے سودی قرضوں میں مبتلاء ہیں، برقعہ پوش عورتیں غیروں کی دوکانوں اور مکانوں کے چکر کاٹ رہی ہیں، یہ نوبت اس وجہ نہیں کہ مرد کی کمائی نہیں ہے بلکہ عورتوں میں اسراف کی بیماری آگئی ہے، غیر ضروری اشیاء کی خریداری، کبھی نہ کبھی کام آئے گا کی چکر میں سب کچھ ختم کر دینا، کوئی مال کی منڈی خالی نہیں جانا، گھر کے سامنے سے کپڑے والا خالی نہیں جانا، چادر دیکھ کے پیر پھیلانا چاہئے، ورنہ سودی قرضے عزت داؤ پر لگا دیتے ہیں، سودی قرض کے راستے ہماری عورتوں نے مضبوط کر رکھا ہے، جس سے مردوں کی کمائی کی برکت ختم ہوگئی۔

---

(۱) ازقلم: ڈاکٹر محمد رضا۔

خواتین کا ماضی وحال

زندگی میں دو چیزوں سے سکون آتا ہے، پہلی چیز آپس کے حقوق جان کرادا کرنا، دوسری چیز معاشی سہولت اور فراخی کا حاصل ہونا، اس کے بغیر پریشانی کی زندگی گزارتی ہے، اللہ تبارک وتعالی نے اس وقت اتنا پیسہ امت کو عطا فرمایا جس کا پچھلے زمانے میں تصور نہیں کیا جاسکتا، ایک زمانہ تھا کہ سولہ سولہ پیوند لگا کپڑا پہنتے تھے، کپڑے کا رنگ پورا پھیکا پڑ جانے کے بعد بدلنے کی نوبت آتی تھی چونکہ دوسرا کپڑا میسر نہیں ہوتا تھا، آج کپڑوں سے الماریاں بھری ہیں، شادی کے موقع کے کپڑے آج تک کھول کے دیکھنے کی توفیق بھی نہیں ہوئی، ہرسال، ہرموقع کا الگ جوڑا رکھا ہوا ہے، رکھنے جگہ نہیں تو الماریاں بڑھائی جارہی ہیں۔

کھانے کے دسترخوان پر معمولی ناشتہ بھی دو تین قسم کے سالن کے بغیر نہیں ہوتا، رات کا کھانا، دوپہر کا کھانا تو کیا کہنے! ہر وقت اللہ نے کھانے کو دسترخوان کو وسیع کردیا۔

پہلے زمانے میں مہینے میں دو تین روپیہ دئے جاتے تھے وہی پورے مہینے کا خرچ ہوتا تھا، آج اگر کسی فقیر کو بھی دو روپے پانچ روپے دیں آپ کو فقیر سمجھے گا، چھوٹے بچوں کے لئے پچاس سو روپیہ بھی ایک روپئے کے برابر ہے۔

مکانات بھی ایسے نہیں تھے جیسے آج کل بن رہے ہیں، سب سے بڑا AC درخت کے نیچے سوجانا ہوتا تھا، بہترین شاور ندی میں نہالینا تھا، بہترین سواری گھوڑا اور بیل گاڑی ہوتی تھی، کہیں کہیں رکشا مل جاتا تھا۔

پہلے زمانے میں گلی میں شادی اور دلہن کو بیل گاڑی میں رخصت کیا جاتا تھا، جہاں اسے جاکر بھینس کا دودھ نکالنا، گھر کو پائنٹنگ کی جگہ گوبر سے لیپا جاتا تھا مگر گھر آباد رہتا تھا خلع طلاق کی نوبت نہیں آتی تھی، ڈولی جاتی تھی تو ڈولا ہی آتا تھا، آج مرسڈیس میں جاکر بھی گھر برباد کردیتی ہے۔

جس کپڑے، کھانے اور مال کے لیے دن رات جنگلوں میں پسینہ نہانا پڑتا تھا آج ٹھنڈی ہوا میں مل رہے ہیں، اللہ نے وہ ہمارے قدموں میں رکھ دیئے، کپڑوں کی بہتات، مکان و دسترخوان کی وسعت ، مال کی اتنی کثرت کے باوجود زندگی سکون سے خالی ہے گولیاں کھا کے سونے کی نوبت آرہی ہے۔

ہماری ایک غلط فہمی

زندگی میں پیسوں سے سکون نہیں آتا، کپڑوں اور چوڑیوں سے سکون نہیں آتا، دسترخوان کے وسیع ہو جانے سے سکون نہیں آتا، زیورات سے سکون نہیں آتا گھروں میں سکون ہر فرد کو اپنی ذمہ داری پوری کرنے اور دوسرے کا حق ادا کرنے سے سکون آتا ہے، ورنہ لاکھ نعمتوں کے باوجود کرب والم کی زندگی گزارنی پڑے گی، نہ کسی پل سکون کی نیند لے سکتے ہیں نہ سکون کا نوالہ کھا سکتے ہیں، کیا فائدہ گھر کے اندر tension ہو، اور سامنے بریانی رکھی ہوئی ہو، اس بریانی میں کیا مزہ جس میں شوہر ناراض ہے، جس میں باپ کا منہ ایک طرف ہے، بچے کا منہ ایک طرف، بچیاں ایک طرف اور ماں ایک طرف ،ایسے دسترخوان کیا راحت ملے گی؟

کیا فائدہ چالیس چالیس ہزار کا dress ہے مگر گھر جنگل راج ہے، شوہر ناراض، اولاد مانتی نہیں، گھر کا نظام پورا کورٹ کچہری کے حوالے تتر بتر ہے، شوہر، باپ ، بھائی رات دن کولھو کے بیل کی طرح چوبیس گھنٹے محنت کر رہا ہے، لیکن گھر میں سکون نہیں ہے، سترہ سترہ لاکھ ،بیس بیس لاکھ روپے خرچ کر کے شادیاں کی جارہی ہیں تین دن میں خلع طلاق ہو جاتا ہے، پندرہ دن میں رشتے ٹوٹ جاتے ہیں، سترہ لاکھ روپیہ کمانے کے لیے کتنی تگ و دو کرنا پڑتا ہے، باہر نکل کر دس روپیے لے کر آؤ پتہ چلے گا کہ کتنا پسینہ نکلنے کے بعد دس روپیہ بھی دھوپ میں تپنے ،لوگوں کے طعنے سننے اور نظروں سے گزرنے کے بعد ہاتھ میں پیسہ آتا ہے، وہی سترہ لاکھ تین دن میں خرچ کر دیئے جاتے ہیں، پھر بھی سکون نہیں، رشتے نبھتے نہیں، یہ کوئی زندگی

ہے ،یہ کوئی life style ہے، دنیا کے سامنے کیا نمونہ پیش کر رہے ہیں،ہماری ازدواجی زندگی کیسے برباد ہوگئی، ہمارا family system کتنا خراب ہوگیا. ہمارا خاندانی نظام کتنا بکھر گیا۔

کپڑوں سے کوئی عزت نہیں ملتی ،ہم سے زیادہ قیمتی کپڑے شوروم میں رہنے والے پتلے پہنتے ہیں، جن کو روزانہ پچاس ہزار، ایک لاکھ کی ساڑھی زری کا کام کیا ہوا صبح میں پہناتے ہیں شام میں اتار دیتے ہیں۔

خواتین کی بڑی ذمہ داری

خواتین کی سب سے بنیادی ذمہ داری اور بنیادی کام خاندان کو جوڑ کر رکھنا ہے ،بڑا کام پکانا کھانا ،گھر جھاڑنا، کپڑے دھونا نہیں ہے،خاندان کو جوڑے رکھنے کے لیے بہت بڑی قربانی دینی پڑتی ہے ،بڑے کام کے لئے بڑا دل ہونا پڑتا ہے،درگذر کرنا، چھوٹی بن جانا ،دوسروں کو سراہانا ،اپنے کو غلط اور دوسرے کو صحیح سمجھنا،اگر عورت چاہے خاندان کو بکھرنے سے بچا سکتی ہے، چاہے تو محبت بھرے ماحول میں زہر گھول سکتی ہے،عورت اگر طے کرلے تو پہاڑ کو رائی بنا سکتی ہے اور چاہے تو رائی کو پہاڑ بنا سکتی ہے،عورت کی آنکھوں کے سامنے اگر خاندان ٹوٹ رہا ہے، اولاد اور ماں باپ کے درمیان دراڑیں پڑ رہی ہیں،میاں بیوی میں غلط فہمیاں پیدا ہو رہی ہیں تو وہ دنیا کی ناکام عورت ہے، دن بھر کے تھکے شوہر کے آتے ہی منہ موٹا کرلینا ،بیوی کی شکایت بیٹے سے،ماں کی شکایت شوہر سے کرنا گھر کا سکون برباد کردینا ہے،نہ ماں سے سکون ملا نہ بیوی سے اور نہ ہی اولاد سے،کیا ایسے ماحول کو مسکن (گھر) کہا جائے گا، آخر ہمارے گھر جنت کے نمونے کب بنیں گے،صاحب خانہ اپنے خانہ سے پریشان ہے۔

ہم کو شکایت ہے کہ داماد اچھا نہیں ملا ،اچھے رشتے کے لئے بہت کوشش ہوئی، اچھی بیوی اور بہو کے لئے بہت کوشش ہوئی لیکن صحیح نہیں ملے،آپ بتائیں کہ داماد، بہو

کی تربیت بھی تو عورت ہی نے تو کیا ہے وہ بھی تو کسی عورت کی گود میں پلا، اگر اور ماں یہ سوچ کر تربیت کی ہوتی کہ میرا بیٹا کل کس کے گھر کا داماد بنے گا کسے کا باپ بنے گا، اس کو حقوق اور رشتوں کی قدر سکھائی جاتی تو کیا یہ نوبت آنے والی تھی۔

آج کی ماؤں کی دین بیزاری کا نتیجہ

موجودہ دور میں ہمارے بچوں کی تہذیب اور علم کا مبلغ ممی، ڈیڈی اور پاپا تک محدود رہتا ہے کیونکہ عورت جس کو قوم کی ماں بننا ہوتا ہے، اسے یہی تربیت دی جاتی ہے اور اس کی تعلیم کے وقت ماں باپ کے پیش نظر مالدار شوہر اور عیاشی کی تلاش ہوتی ہے اور خود لڑکی کے سامنے شمعِ محفل بننے اور مردوں کے دوش بدوش چل کر انہیں زیرِ نگیں کرنے کا خیال ہوتا ہے۔ اندریں حالات ان سے یہ توقع رکھنا کہ وہ اپنی اولادوں کو اخلاقی اور ذہنی تربیت دیں گی، عبث ہی نہیں مضحکہ خیز بھی ہے۔ جس کا نتیجہ یہ ہوتا ہے کہ ان کی اولادیں ان سے بھی بڑھ کر دین بیزار اور ملحد بنتی ہیں۔ چنانچہ ہماری موجودہ نسل اپنے بزرگوں کے مقابلے میں ہزار گنا اپنے مذہب سے دور ہے بلکہ دین سے نفرت کے اظہار کو انہوں نے فیشن کے طور پر اپنا لیا ہے جس کا احباب کی محفلوں میں فخریہ ذکر کیا جاتا ہے۔

خواتین کی گمراہی کے اسباب

میڈیا کے ذریعہ بے دینی کی کوشش

ٹی وی چینل، شوشل میڈیا، الکٹرانک یا پرنٹ میڈیا کے ذریعہ تمام احکامات شرع پر سوالات کھڑے کئے جاتے ہیں، مسلمانوں کو مشکوک کرنے کی بڑی کامیاب کوشش کی جاتی ہے، اس کا ایک کامیاب تجربہ طلاق، حلالہ، قربانی، میوزک اور حقوق نسواں کے عنوان سے نشر کئے جانے والے پروگرامز میں ملاحظہ کیا ہوگا، ان چینلز کی اس خاموش دعوت سے اگرچہ لوگ مرتد نہیں ہوئے ہوں، لیکن مشکوک ضرور ہو جائیں گے، اسی طرح فلموں کے ذریعہ بھی بسا اوقات یہ کار بد انجام دیا جاتا ہے، اس سلسلہ میں کچھ سال قبل ریلیز ہونے والی فلم ''عشق زادے'' اور ماضی قریب میں ریلیز ہوئی ''نکاح'' نامی فلم واضح نمونہ ہے۔

دشمنوں کی سازشوں کے شکار کا عالم

تحقیقات کا نچوڑ یہ ہے کہ۔۔۔ ان ہندو تنظیموں نے اس کے مستقل ٹریننگ کیمپ شروع کر رکھے ہیں کہ کس عمر کی لڑکی کی پسند کیا ہوتی ہے؟ کس لڑکی کو کس طرح بہکایا جا سکتا ہے؟ اسی طرح جو لڑکیاں ''محبت کی جنگ'' اور پیار کا اغواء کے چنگل میں پھنس نہیں سکتی انہیں کس کس طرح برباد کیا جائے؟

اس سلسلہ میں اکثر یہ کیا جاتا ہے کہ ہندو لڑکیاں مسلم لڑکیوں سے دوستی کر لیتی ہیں، چند ہی ملاقاتوں یا ایک مدت کے بعد بظاہر اتفاقاً اور درحقیقت طے شدہ منصوبے کے مطابق کوئی لڑکا اس ہندو لڑکی کے پاس کسی کام کے تحت آتا ہے، یہ ہندو لڑکی کہتی ہے: کہ یہ میرا رشتہ کا بھائی ہے، دھیرے دھیرے میں اتفاقات بڑھنے لگتے ہیں اور پھر کسی انجانی گھڑیوں میں دونوں کے درمیان دوستی ہو جاتی ہے اور یہ دوستی محبت اور محبت افرار اور کورٹ میرج کی شکل اختیار کرتی ہے۔

مزید برآں دوران تفتیش یہ بات بھی معلوم ہوئی کہ نہ صرف سہیلیاں بلکہ اسکول کی

استانیاں اور ماسٹرز بلکہ گھر کے ڈرائیور تک ان سازشوں میں شریک کر لیے جاتے ہیں!!!
کبھی کسی تقریب پر مٹھائی بھی تہواروں کا فراڈ بھی گفٹ اور ہدیہ کی شکل میں کھانے پینے کی چیزوں کے اندر جنسی ہیجان پیدا کرنے والی چیزیں یا ایسی چیزیں کھلائی جاتی ہیں جن کے کھانے سے لڑکی اپنی انتہار سے بالکل مفلوج ہو جاتی ہے، اور کامل طور پر غیر کے قابو میں چلی جاتی ہے اور بھی مسلم نام کا استعمال ہوتا ہے، یہ سب وہ ہتکنڈے ہیں جن کو مسلم بچیوں کے خلاف استعمال کیا جا رہا ہے۔

اپنے اس ناپاک مقصد میں کامیاب ہونے کے لیے یہ ہندو تنظیمیں بڑھ چڑھ کر کوششیں کر رہی ہیں، اس طرح مسلم لڑکیوں کو بھگا لے جانے کے لیے مکمل مالی تعاون تقسیم ہو رہا ہے، جیب خرچ یعنی پاکٹ منی، گاڑی اور بھاگنے کے بعد مستقل بنگلہ اور اس کے علاوہ ۳/لاکھ کا انعام دیا جا رہا ہے"اغواء بالرضاء" کا شکار؛ اگر غریب گھرانے کی لڑکی ہے تو کم، اور شریف، اونچے گھرانے کی، اعلی تعلیم یافتہ اور بڑے بڑے عہدوں والی لڑکیاں ہوں تو اس کے حساب سے انعامات دیے جا رہے ہیں۔

شادی شدہ خواتین پر قرض کے ذریعہ بے دینی کے حملے

☆ یہ ایک انتہائی سنگین اور نازک معاملہ ہے، اگر آج بھی ہم سب نہ جاگے، اور متحد ہو کر اس کے خلاف جدو جہد نہ کی، اور یہ سوچتے رہے کہ کسی کی بیٹی بھاگ گئی اور میری بیٹیاں تو محفوظ ہیں، تو یاد رکھیے نہ صرف یہ کہ یا ایک انتہائی خود غرضی اور قوم وملت کی ناقدری ہے؛ بلکہ ہوسکتا ہے کہ کسی وقت نعوذ باللہ اس آگ کی لپیٹیں ہماری بہو بیٹیوں کو بھی جھلسا دیں، اور اگر آپ یہ سوچتے ہیں کہ میری کوئی بیٹی ہی نہیں یا سب کی شادیاں ہو چکی ہیں، تو یہ محض ابلہ فریبی اور اپنے آپ کے ساتھ دھوکہ ہے، عورت آخر عورت ہے، اور ایک عورت پورے خاندان اور پورے معاشرہ پر اثر انداز ہوتی ہے، اس وجہ سے یہ ہندو تنظیمیں شادی شدہ عورتوں کو بھی ورغلانے اور پھسلانے میں لگی ہیں، چنانچہ ایک تنظیم "مہیلہ بچت گٹھ" نام سے ہے جس میں

عورتوں کو انتہائی آسان شکلیں دکھا کر قرض دیا جا رہا ہے، اور یہ ناتجربہ کار ہونے کی وجہ سے بہ ظاہر آسان نظر آنے والے اس قرض کے پیچھے موجود دشواریوں کو نہیں دیکھ پاتیں اور جب اس کی شرائط کے مطابق عورتیں ہفتہ ادا نہیں کر پاتیں، تو ان کو جسم فروشی؛ بلکہ ایمان فروشی کے لئے بھی مجبور کیا جا رہا ہے، اچھے اچھے دین دار گھرانوں کی عورتیں اس میں ملوث ہیں، اس کے واقعات تو اتنی کثرت سے پیش آرہے ہیں کہ میرے خیال میں شاید ہی کوئی اس سے ناواقف ہوگا۔

☆ چند ساتھی ایک رات آئس کریم کھانے گئے، وہاں ایک برقعہ پوش عورت ملی، جو ان سے کچھ رقم طلب کر رہی تھی، پوچھنے پر بتایا کہ ''مہیلہ بچت گٹھ'' کا ہفتہ ادا کرنا ہے، ہمارے ایک ساتھی نے پوچھا ہم تمھیں رقم تو دیدیں گے لیکن یہ بتاؤ کہ تم ہمیں یہ رقم کب لوٹاؤ گی؟ تو وہ برقعہ پوش عورت کہنے لگی کہ یہ رقم مجھے دے دو اور منہ سے واپس نہ مانگو، البتہ اس کے بدلہ میں مجھے جہاں چاہو لے چلو'' آپ سمجھ گئے ہوں گے کہ یہ برقعہ والی عورت کیا کر رہی ہے۔

☆ اس ''مہیلہ بچت گٹھ'' کی ایک کرشمہ سازی اور پڑھیے :ایک عورت اپنے شوہر کے ساتھ لیٹی ہوئی تھی، رات کے بارہ بج رہے تھے، اچانک وہ شوہر کو اٹھا کر کہنے لگی: پیسے دو شوہر نے تعجب سے پوچھا : پیسے! اور اس وقت؟ کہنے لگی کہ مجھے ''مہیلہ بچت گٹھ'' کا ہفتہ چکانا ہے، اور اگر تم یہ پیسے نہیں دیتے ہو تو وہ مجھے بلا رہا ہے، یہ کہہ کر وہ عورت اپنے شوہر کی موجودگی میں گھر سے چلی جاتی ہے۔

☆ حضرت مولانا غیاث رحمانی صاحب دامت برکاتہم بالعموم یہ قصّہ بڑے درد سے بیان کرتے ہیں کہ ''حیدرآباد میں کسی جگہ کام سے ٹھہرے تھے کہ دو برقع پوش خواتین ہندو مارواڑی کے دوکان پر پہنچی، دوکاندار نے اُن کے دیر سے آنے پر سخت زبان استعمال کیا، پھر اُنہیں اُوپر جانے کا اشارہ کیا، وہ خواتین دوکان کے اوپری حصہ میں جا کر آدھے گھنٹے

بعد واپس نکل جاتی ہیں، حضرت نے تعاقب کر کے وجہ معلوم کی، اصرار کے بعد کہنے لگیں: ہم پر ان کا قرضہ باقی ہے، وہ ادا نہیں کر پارہی ہیں تو وہ ہم سے جسمانی فائدہ حاصل کرتا ہے، اور یہ جسمانی فائدہ بھی سود کے عوض ہے، اصل قرض تو باقی رہے گا۔ افسوس صد افسوس، امت کی بیٹیوں کا حال کیا ہوگیا؟۔

کیا ہمیں اب بھی ہوش نہیں آئے گا؟ کیا ہم اب بھی نہیں جاگیں گے؟ کیا اس دن کا انتظار ہے، جس دن نعوذ باللہ آدھی رات کو ہماری بیویاں بھی ہمارے ساتھ یہی کریں گی۔ (نعوذ باللہ من ذلک)

یاد رکھو! یہ پڑوسیوں کے گھر میں لگی ہوئی آگ ہے، اگر ہم نے نہ بجھائی اور اپنی کوٹھی میں آرام کرتے رہے، تو کوئی دم میں یہ آج ہماری حویلیوں کو بھی بھسم کر دے گی، اس وقت بے کسی اور تنہائی کے آنسو اور چھپی، خاموش سسکیوں کے علاوہ ہمارے پاس کوئی علاج نہ ہوگا۔
(۱)

ہماری کوتاہیاں کیا کچھ کم ہیں؟

حضور اقدس ﷺ کا فرمان اقدس ہے کہ "کلکم راع و کلکم مسئول عن رعیتہ" "تمہارا ہر فرد ذمہ دار ہے اور اس سے اس کے ماتحتوں اور رشتہ داروں کے متعلق سوال ہوگا، اس اور اس جیسی دوسری آیات اور احادیث کے پیش نظر اپنی بیٹیوں بیویوں اور بہنوں کی خبر گیری کرنا ہمارا فرض ہے۔

حقیقت یہ ہے کہ جتنی سازشیں غیروں کی طرف سے ہو رہی ہیں، اس سے کہیں زیادہ غلطیاں ہماری اپنی ہیں جو ان سازشوں کو کامیاب بنانے میں اہم رول ادا کر رہی ہیں۔ ہماری بیٹیاں اسکول، کالج جا رہی ہیں، ٹیوشن کے لیے جا رہی ہیں، تفریح کا پلان

---
(۱) اولاد کی دینی تربیت والدین کے لمحہ فکریہ: ۱۶۔

ہے، سہیلی کے گھر آتی جاتی ہے، موبائل، نیٹ چیٹنگ اور واٹس اپ استعمال کرتی ہے، لیکن ہمیں کچھ فکر نہیں کہ اس کی سہیلیاں کون ہیں؟ وہ کس سے باتیں کرتی ہے؟ پھر اگر لڑکیاں بھٹک نہ جائیں تو پھر اور کیا ہو؟ اب اگر کوئی آکر الٹی سیدھی حرکتوں کی اطلاع بھی دیتا ہے، تو یہ جائے اس کے شکرگزار ہونے کے، الٹا اسی پر غصہ اتارا جاتا ہے، اور اپنی بیٹیوں کی اندھی صفائی شروع کر دیتے ہیں، پھر جب عرصہ تک پکنے والا ''لاوا'' پھٹ پڑتا ہے یعنی وہی دودھ کی دُھلی بیٹیاں غیروں کے ساتھ بھاگ کر پورے خاندان کی ناک کاٹ دیتی ہیں، تو روتے پھرتے ہیں؟ اگر پہلے ہی دن چوکنّے ہو جاتے تو نہ یہ واقعات پیش آتے اور نہ یوں شرمندہ ہوتے۔

عصر حاضر کے اہم اور سلگتے موضوع پر منتخب مضامین

اسلام میں حقوقِ نسواں

مرتبہ : مکرم نیاز

بین الاقوامی ایڈیشن منظر عام پر آچکا ہے